Günter von Hummel

Wissenschaftlich begründet Meditieren

Eine Praxis ohne Glaube, Mythos oder
subjektive Gewissheit

Das Umschlagsbild der Malerin T. Heydecker hat den Titel ‚eresie‘, was für Häresie, Ketzerei, steht und somit zutreffend zeigt, um was es in diesem Buch geht. Nämlich um eine Wissenschaft v o m Subjekt, was herkömmliche, unwissenschaftliche Formen von Meditation genauso wie herkömmliche Objekt-Wissenschaften in den Schatten stellt, aber dem Einzelnen eine Chance bietet sich – wie es auch in der Psychoanalyse der Fall ist – daran selbst zu beteiligen.

© 2024 Günter von Hummel
Herstellung und Verlag: BoD – Books on Demand, Norderstedt
ISBN: 9783759702920

Inhaltsverzeichnis

1. Was ist ein Signifikant? 5

2. Pyrrhon und die Gelassenheit 21

3. Rauschen und Stammeln 43

4. Die Subeinheiten 65

5. Die Vater-Metapher und die Analytische
   Psychokatharsis 83

6. Der gedimmte Blick 98

7. Identitäts- oder *Pass-Worte* 120

8. Psychosomatik 138

9. Beziehnisse 153

   Anhang 172

   Literatur 185

1. Was ist ein Signifikant?

Kann's das geben, eine wissenschaftlich begründete Meditation, wo doch üblicherweise der Meditationslehrer, wenn er nur lauter, rein, ehrlich, anständig genug ist, für eine Einweisung ins Meditieren ausreicht? Vor allem die Lauterkeit, seelisch-geistige Reinheit, eine Art gehobener Authentizität, legitimiert doch den Lehrer, der Schüler zum Meditieren anleitet. Es muss nicht unbedingt ein religiöser Führer wie im Buddhismus sein, oder ein durch lange Praxis erfahrener Yogalehrer, oder sonst jemand, der sich in einem großen Umfeld als Meister kontemplativer Verfahren bewährt hat und bekannt ist. Es gibt viele Wege, die eine Berechtigung dazu nachweisen, indem sie wenigstens einen wissenschaftlichen Hintergrund haben wie beispielsweise das autogene Training, speziell in seiner Oberstufe. Trotzdem sind darin noch zahlreiche Mutmaßungen vorhanden, eine fundierte Wissenschaftlichkeit liegt hier nirgendwo vor.

Freilich ist das mit der Wissenschaftlichkeit so eine Frage, denn eine objektive oder gar naturwissenschaftlich definierte Form, mit der man in diesen meditativen, ‚nach innen gehenden' Verfahrensweisen reüssieren kann, kann es kaum geben. Nun ist aber gerade die Psychoanalyse, die sich doch einen wissenschaftlichen Rang im Laufe von über hundert Jahren erobert hat, in der gleichen Situation. Von vielen Universitäten wurde ihr lange Unwissenschaftlichkeit vorgeworfen. Doch in der Folge und vor allem durch den französischen Psychoanalytiker J. Lacan hat sie eine hoch entwickelte Form der Logik als einer Wissenschaft v o m Subjekt erreicht, in der sich trotz eines scheinbaren Widerspruchs zwischen meditieren und analysieren ein fundierter Zugang zu der Methode herstellen lässt, die ich in diesem Buch favorisiere und detailliert darlegen will.

Das wird nicht einfach sein, Lacan gilt als schwer verständlich. Zudem hat er ganz offen gesagt, dass man ihn in der gleichen intellektuellen Form, also in dem gleichen Diskurs, in der gleichen sprachlichen Art, in der er seine Lehre vermittelte, nicht weiterführen kann. Denn ihn nachmachen würde nichts bringen, man müsste ihn in einem völlig anderen und neuen Diskurs einbringen, natürlich auf der von ihm gelegten Spur, aber eben divers, ‚anders herum', kontrapunktisch. Nun will ich ja vom Meditieren schreiben, was sich schon zu Genüge von der Psychoanalyse unterscheidet. Wie aber trotzdem auf der von Lacan ‚gelegten Spur' bleiben? Vielleicht eignen sich zur Einführung in dieses Buch gut die Bemerkungen des Psychoanalytikers und Lacan Schülers Juan D. Nasio über das, was ein Signifikant ist.[1]

---

[1] Nasio, J. D., Cinq leçons sur la theorie de Jacques Lacan, Èditions Rivage (1992) S. 226-230. Übersetzung von R. Nemitz, lacan-entziffern.de

Der Begriff des Signifikanten stammt aus der Sprachwissenschaft, und ich übersetze ihn immer mit dem Begriff des ‚Wort-Wirkenden‘, also nicht nur mit dem, was ein Wort so landläufig bedeutet, sondern wie es mit ihm in der Sprache zu so vielschichtigen und vieldeutigen Wirkungen kommt, indem es in der Kette der Worte auch noch mit anderen Worten oft wie magisch verbunden ist. Es geht also um das, was im sprachlichen Sich-Ausdrücken das Bezeichnende ist, das Zutreffende, das aber dennoch keine fertige Bedeutung darstellt. Der einzelne Signifikant ist zu keiner Bedeutung fähig, erst im Zusammenspiel mehrerer Signifikanten, in ihrem Knäuel, kommt die wirkliche Bedeutung zustande. Die Signifikanz eines Satzes liegt an mehr als nur an den aneinander gereihten Worten, sie liegt eher an den manchmal geradezu kreuzwortartig, rätselhaft geordneten, eben verknäuelten signifikanten Einheiten des Sich-Ausdrückens.

Auch wenn meine Erklärungen nicht klug genug sind, für ein Erfassen des Textes, den ich hier schreibe, ist es meist gar nicht so wichtig, das mit dem Signifikanten allzu genau zu verstehen. Von Nasio selbst werde ich noch einige bessere Hinweise zitieren. Aber es wird speziell auch darum gehen, was man gar nicht so gut zu verstehen braucht, weil man es nicht nur wort-wirkend, sondern auch vorstellungshaft, bildhaft, als ‚Erscheinungs-Wirkendes‘ direkt erfahren, sehen, erleben und beglückend imaginieren kann. Um so etwas Beglückendes geht es ja gerade auch beim Meditieren. S. Freud musste dieses Beglückende aufgeben, das bei seinen Behandlungen im Zustand der Hypnose seiner Patienten auftauchte, den er aber als zu unpräzise, zu unlauter empfand und somit auf das mehr rationale und intellektuelle Verfahren der Psychoanalyse umdisponierte. Das Wort-Wirkende sollte bevorzugt sein, das Erscheinungs-Wirkende, Bildhafte, Nebensache.

Ich beziehe mich mit den Ausdrücken erscheinungs-wirkend und beglückend auf den altgriechischen Philosophen Pyrrhon von Elis (360-270 v. Chr.), der ein totaler Skeptiker war und als erkennbar nur das unmittelbar Erscheinende gelten lassen wollte.[2] Nichts ist bewiesen, sagte er, und so glaubte er nur an das ihm unmittelbar Geschehende, unmittelbar Erscheinende und Wahrzunehmende. Dies besaß aber dann auch schon Wirkung von sich aus, war Wirkendes per se, indem es so bereits Beglückung und Befriedigung erzeugte. Alles gedanklich zu sehr Fixierte lehnte er ab und so wurde er auch von Lacan respektiert, weil ja auch der Psychoanalytiker vor zu schnellem Wissen um der Wahrheit willen Halt machen muss. Das Wissen muss sich der Wahrheit unterordnen, darin waren sich Lacan und Pyrrhon einig.[3]

---

[2] Sextus Empiricus, Grundriß der pyrrhoneischen Skepsis, Suhrkamp (2021)
[3] Brusa, L., Between Truth and Relativism, filozofski vestnik, Vol. XXXIII, 2. 11. 12

Ich komme auf Pyrrhon im nächsten Kapitel ausführlich zurück, und will vorher noch etwas zu Nasio und seinem Vortrag sagen.

Dort, in seiner Art Lacans Psychoanalyse zu kommentieren, geht es besonders intensiv um den Vorrang des Wort-Wirkenden, der verbalen Signifikanten, auch wenn dem Erscheinungs-Wirkenden, das man auch imaginäre Signifikanten nennen kann, in etwas abstrakter Form Geltung verschafft wird. Und so schreibt Nasio, „der Ausgangspunkt der Psychoanalyse besteht in der sprachlichen Tatsache, die so ausgedrückt wird: ‚Ich weiß nicht, was ich sage‘.“ Was soll das heißen? Nur Erscheinungen haben und nichts davon wissen, was man sagt? Gemeint ist freilich der Patient in der analytischen Psychotherapie, der ja alles sagen soll, was ihm gerade so einfällt, spontan, ohne Überlegung, nur was ihm so erscheint, und wobei er manches sagt, das ihm selbst nicht ganz bewusst ist, das heißt, dass es aus seinem Unbewussten kommt ohne dass er es merkt. Es ist sogar gewollt, dass er nicht weiß, was er sagt, dann das bietet einen Anlass zur Deutung, zur Interpretation, so zum Beispiel bei einem Versprecher. Im Versprecher weiß der Patient nicht, was er sagt, aber er verrät das, was er eigentlich nicht so definitiv sagen wollte, was aber doch wesentlich und wichtig ist. Denn es bringt die Wahrheit hervor, deren Unterdrückung und Verdrängung die Ursache seiner Symptome ist.

Sein Therapeut, der Psychoanalytiker, weiß allerdings auch nicht immer gleich und ganz genau, was der Patient gesagt hat. Er muss innehalten und vermehrt zuhören. Er muss sich erst einmal mit seinem Erstaunen, mit dem, was ihn vielleicht verwundert und was ihn einfach nur anrührt und überrascht, zufrieden geben und weiter zuhören. „Bleiben wir bei diesem ‚Ich weiß nicht, was ich sage‘.“ schreibt Nasio daher erst einmal und frägt dann erneut: „Ich weiß was nicht? Ich weiß nicht, dass das, was ich sage, ein Signifikant ist. Und was ist ein Signifikant“? Nasio beschreibt es anders als ich es vorhin getan habe, er erklärt es damit, dass wir heutzutage längst an einem Punkt angelangt sind, an dem man sich nicht mehr so ausgiebig zuhört und behutsam aufeinander eingeht, auch wo man ständig aneinander vorbeiredet, also an dem Punkt ankommt, „an dem der Signifikant nicht mehr in Erstaunen versetzt, an dem er uns nicht mehr überrascht, während wir in der analytischen Theorie den Begriff des Signifikanten paradoxerweise dazu verwenden, um die Verwunderung zu definieren: Ein Subjekt wundert sich genau dann, wenn es den Einschlag eines Signifikanten [also das nur vage und vieldeutig geordnete, knäuelartige Wort-Wirkende] empfängt“.

Nun muss es – wie oben gesagt – erst einmal der Therapeut tun. Er muss für den Einschlag des nicht-wissend und nicht leicht zu verstehend Redenden offen und interessiert bleiben. Freud sagte, er muss in einer ‚gleich schwebenden Aufmerksamkeit' verharren, in einem angerührten, wundersamen Erstaunen, ohne gleich auf das zu reagieren, was man zu verstehen glaubt. In der Psychoanalyse wird oft zu schnell verstanden, zu voreilig interpretiert, doch ver-stehen heißt, sich in eine bestimmte Position bringen, in ein künstlich stehen, in einem geeigneten stehen, ver-stehen.[4] Zu gut verstehen kann nämlich bedeuten, dass man nichts begriffen hat, dass man eigentlich nur voreilig, hastig und oberflächlich zugehört hat und nun glaubt all das zu wissen, um was es wirklich geht.

„Sich zu wundern", sagt Nasio daher im gleichen Sinne, „das heißt, die Auswirkung des Signifikanten auszuhalten, ihn nicht unmittelbar als Zeichen zu nehmen, ihn nicht zu schnell begreifen, ihn nicht zu verstehen. Denn wenn Sie ihn verstanden haben, verlieren Sie ihre Verwunderung. Sich nicht zu wundern heißt also, sich seines Wissens allzu sicher zu sein. Und auf gewisse Weise ist es das, was mit der Formel ‚Was ist der Signifikant?' geschieht: Man ist sich zu sicher, man hält sich zu sehr an das, was man versteht. Daher noch einmal: Was ist das, ein Signifikant? Es gibt mehrere Weisen, sich ihm anzunähern... Der Signifikant ist genau das,

---

[4] Ver ist eine Vorsilbe, die bestimmt, dass eine starke, schwer rückgängig zu machende Änderung auf den körperlichen oder seelischen Zustand von jemandem ausgeübt wird (wictionary.org/wiki/ver-)

was nicht zu verstehen ist, eine *unverständliche Vorstellung*".

Mit dem Ausdruck der *unverständlichen Vorstellung* landet Nasio fast wieder beim Erscheinungs-Wirkenden, bei dem, was einem unmittelbar so vorkommt, so erscheint wie ich es von Pyrrhon erwähnt habe, also der primäre Eindruck, dasjenige eben, das Verwunderung erzeugt, und das in der Psychoanalyse aus einem bestimmten Grund nicht genug psychisch repräsentiert ist und erfasst werden kann. Bei Freud ist mit Vorstellung nicht das geistige sich Vorstellen gemeint, sondern die Impression, die das Begehren, der unbewusste Trieb, im Psychischen erzeugt, denn er ist auch nicht Instinkt. Er ist eben vor-, vorne hin gestellt, das primärste Psychische, menschliche Libidinöse, das nur erfasst werden kann, wenn es an sogenannte erogene Zonen gebunden ist. Fehlt dies, bleibt die *Vorstellung unverständlich*.

Nasio erklärt es mit der psychischen Abspaltung, mit dem Schnitt in der Psyche, der mehr ist, der direkter und unbewusster ist als die übliche Verdrängung, der der Mensch immer wieder mal unterliegt. ‚Ach, das hab‘ ich ganz verdrängt‘, sagt man, und geht weiter zur Tagesordnung über. Aber der Schnitt im ursprünglich Psychischen, etwa beim frühen Trauma, das jedem Menschen einmal passiert sein muss – früher hat man es ‚Erbsünde‘ genannt, obwohl es gar keine Sünde war, aber es war so wie abgeschnitten, wie unbewusst ererbt, ‚urverdrängt' wie Freud auch sagte – kein Wunder, dass man das durch den Schnitt getrennte und seelisch abgespaltene in der Psychoanalyse auch als *unverständliche Vorstellung* bezeichnet hat.

Der Signifikant ist also nicht nur ein plötzlicher psychischer Einschlag, der einen in Verwunderung zurücklassen kann, wenn man dafür bereit ist oder auch – wie gesagt – modernerweise durchs Danebenreden nicht mehr so überrascht, der einen vielleicht sogar kalt lässt, aber der auch eine *unverständliche Vorstellung* darstellt, die man psychisch nicht einzuordnen weiß und die man schon längst wie mit einem Schnitt in sich abgespalten und zur Fremde gemacht hat. Und genau da, bei dieser *unverständlichen Vorstellung,* hakt Nasio nach und kommt auf den Philosophen Pyrrhon von Elis zu sprechen. Dessen Theorie ist hautnahe Praxis, ihm ist die primäre Vorstellung, das unmittelbare Erscheinungs-Wirkende, die ad hoc Erfahrung gar nicht so fremd, so abgespalten, so *unverständlich,* denn er richtet von vornherein seine Aufmerksamkeit exakt nur darauf, auf das Vorstellungshafte, das als Erscheinung Wirkende. Während er dem nach außen hin Wahrzunehmenden nur geringe Beachtung schenkt, hört er nur in sich hinein, lässt der Verwunderung und dem Erstaunen Platz, alles andere verwertet er nur mit Skepsis.

Man darf nicht glauben, dass Pyrrhon sehr unbekannt ist und skurrile Thesen vertrat. Der in Fußnote 2 zitierte griechische Philosoph Sextus Empiricus, sodann auch Cicero, Montaigne, Erasmus von Rotterdam und andere bekannte Leute bis hin zu Lacan haben sich in seinem Sinne verstanden oder waren überzeugte Anhänger von ihm. Doch Nasio sagt, „darauf will ich nicht weiter eingehen". Ihm ist das nicht mehr so ganz geheuer. Er folgt recht pedantisch Freud, der davon ausgegangen war, dass Vorstellungshaftes, Erscheinungs-Wirkendes, eher als primär Unbewusstes, Phantasmatisches im Psychischen einzuordnen sei, dass es zwar ziemlich *unverständlich* repräsentiert sein kann, es aber in Affekten, in Träumen, als Depression, als schwerer Verlust und sogar als zu umschweifiges, zu sehr rationalisierendes Denken erfasst werden kann.

Doch viel anfangen können die Psychoanalytiker damit trotzdem nicht. Sie sagen also, dass es sich im Psychischen ‚Nicht Repräsentiertes' gibt, das man also nicht so richtig spürt, nicht aus dem Patienten heraushören, empathisch oder traumdeutend erfahren und interpretieren kann. Es erscheint nicht wirkend genug. Pyrrhon setzt sich diesem ursprünglichen Wahrnehmen, meditativem Erfassen des Erscheinungs-Wirkenden und Vorstellungshaften trotzdem einfach direkt aus, sie sind für ihn die ursprünglichste aber auch alltäglichste Lebenserfahrung, die ἀνάγκη παθῶν (ananke pathon), die Vorzeichnung, die ursprüngliche Erscheinung der Natur, etwas, was man wohl nur in tiefster Ruhe und in einem dafür besonderen Bereit-Sein erleben kann. Eben, in der

Verwunderung und im Erstaunt-Sein, was selbstverständlich auch ans Meditieren erinnert.

Nasio schließt seinen Kommentar herkömmlich psychoanalytisch ab, in dem für ihn das Unbewusste eben vorwiegend nicht so sehr nur das Fremde, *unverständlich
Vorgestellte*, sondern l'*Autre*, der/das *Andere* ist,
der/das ein Gebilde, ein Wesen, ein Etwas aus unbewusst wort-wirkender Stimme einerseits und unbewusst
erscheinungs-wirkendem Blick andererseits ist. Kein
Golem, kein Gespenst, sondern ein Signifikant eben, ein
Unverständlicher: „Was ist dieser fehlende Signifikant
des *Anderen* in mir"? lamentiert Nasio daher weiter und
schreibt: „Wo wird sich mein Gesagtes verketten, und
woher kommt es? Allein schon dadurch, dass das Subjekt sich diese Frage stellt, entwirft es, installiert es den
Anderen als Begehrenden. Wenn Sie sich fragen: ‚Was
ist mein Traum, was bedeutet er?' Wenn Sie sich fragen: ‚Warum leide ich an diesem Symptom?' Wenn Sie
sich fragen: ‚Warum vergesse ich?' Wenn Sie das tun,
bringen Sie den *Anderen* in die Position des Begehrenden. Mit einem Wort, ich weiß nicht, was ich sage, weil
mein Gesagtes anderswohin geht, ohne mein Wissen
richtet es sich an den *Anderen*, und ohne mein Wissen
kommt es vom *Anderen* zu mir".

Es ist Signifikanten-Getue, es ist ein innerseelisches
Gerangel, „es kommt vom *Anderen* und es wendet sich
an den *Anderen*, es geht vom *Anderen* aus und es kehrt

zum *Anderen* zurück", schließt Nasio seinen Vortrag. Es lässt den Menschen als Subjekt, als Einzelnen, im Feld des Begehrens, im Feld, wo alles von unbekannten intimen Wünschen, unbewusstem Wollen, kurz eben: von dem in der Freudschen Sexualtheorie charakterisierten und modellierten Begehren dominiert ist, alleine. Das ist so, das ist Freud'sche Theorie, aber sie klärt nicht alles. Man muss sie dennoch als eine neue Wissenschaft tolerieren und akzeptieren

Und doch kann man sich fragen, warum steckt hinter allem gleich ein Begehren, meistens sogar ein infantiles Begehren, das aus Konflikten und Sehnsüchten der frühesten Kindheit stammt? Ist das nicht vielleicht schon zum allgemein verständlichen Dogma der psychologischen Wissenschaften geworden? Ist es nicht statt dem albernen ‚denk positiv, denk positiv', und alles wird gut, ein ‚such das infantile Begehren, such das peinlich Verdrängte in dir', und alles wird klar sein? Nein, ich vertraue auf die Wissenschaft v o m Subjekt, auf Lacan und seinem Schüler Nasio, dass das Begehren, die libidinöse Intention von Anfang an immer irgendwo und irgendwie dabei war, auch schon als die ‚Erde noch wüst und leer war'.

Ich will das alles, was jetzt noch unklar und unausgereift ist, aufgreifen und in eine konstruktive, nicht mehr nur herkömmlich, klassisch psychoanalytisch begründete, sondern um ein weiterfassendes, wissenschaftlich meditativ begründetes Verfahren erweitern, das sich intensiver mit den *unverständlichen Vorstellungen*, mit den bildhaften, erscheinungs-wirkenden, ja manchmal sogar musikalischen, also den gegenüber den sprachlichen, symbolischen Signifikanten mehr imaginären Signifikanten, beschäftigt. Beide sind wichtig, das erscheinungs- und das wort-wirkend Signifikante. Diesbezüglich macht der Übersetzer von Nasios Vortrag, der Psychoanalytiker R. Nemitz, noch zusätzlich folgende Anmerkung:

„Die Pyrrhonsche Schule ist für uns interessant, weil sie als einzig mögliche Angleichung an die *unverständliche Vorstellung* die Methode der Urteilsenthaltung empfiehlt.[5] Das hat sie dazu gebracht, jedes Dogma, jede Weltanschauung zurückzuweisen. Darüber hinaus ist für uns ihr Wahrheitsverhältnis von Bedeutung. Für die Skeptiker der Pyrrhonschen Strömung ist die Wahrheit etwas, was nicht erkannt werden kann und was auch nicht zurückzuweisen ist; die Wahrheit ist vielmehr etwas, was in der Schwebe gehalten werden muss, und man muss sich an ihre Wirkungen anpassen. Auch auf die Gefahr hin, dies später entwickeln zu müssen, möchte ich behaupten, dass dies ein Echo erzeugt zu Lacans Bezugnahme auf die Wahrheit als Ursache. Einer dieser Wahrheitseffekte ist das Schweigen. Für die Skeptiker

---

[5] Nemitz, R., Was ist ein Signifikant? https://lacan-entzif-fern.de

wie für uns gibt es davon zwei Arten: das Stillsein (*se taire*) als Zurückhaltung gegenüber dem, was man nicht versteht, und das Schweigen, lat. *sileo*, als Wahrheitseffekt.

Dass tiefes Schweigen (franz. *silence*) eine Wahrheit hervorbringen kann, leuchtet ein. Es ist klar, dass der Gesprächs-, Dialog- oder auch Streit-Partner die Zurückhaltung, die ‚*silence*' bemerkend, auch einen Moment innezuhalten vermag, nachdem er sich umschweifig ausgesprochen oder in Rage geredet haben wird. Denn dadurch wird deutlich, dass etwas fehlt, querliegt oder *unverständlich* ist, und es offenbar den *Anderen* braucht, den Verbindlicheren aus unbewusstem Blick und unbewusster Stimme, den Schiedsrichter oder Wort-Klang-Bild-Vermittler, der gar keine Vorstellungen hat, der satzlos ist und keinen Sinn beansprucht, zumindest keinen voreiligen.

Dass jedoch die Wahrheit Ursache von vielem, ja vor allem sein kann, wie gerade von Lacan zitiert wurde, ist schon schwerer zu erfassen. Auch den/das innere/äußere *Andere(n)* kann sie nicht völlig vermitteln. Nasio hat den Begriff des bedeutenden und deswegen groß zu schreibenden *Anderen, l'Autre,* von Lacan übernommen, der ihn von den Verinnerlichungen der Eltern und etlicher bedeutender Bezugspersonen in der Kindheit herleitet, wobei die Stimme des Vaters eine besondere Rolle einnimmt. Freilich ist auch die Mutter bedeutend,

aber sie ist nicht so anders. Sie ist zu vertraut und über-
deckt damit die in ihr verborgene Frau, d i e, die die
ganz *Andere* wäre, aber d i e es so (mit dem universalie-
renden Artikel) wohl gar nicht gibt, worauf ich im weiteren Text zurückkommen werde.

Viele Schüler Lacans haben im inneren, unbewussten
Anderen eine göttliche Figur gesehen, aber er/es ist nur
die andere Seite des Ichs, das der Dichter A. Rimbaud
mit dem berühmten Ausspruch „Ich ist ein Anderer"
belegte. Er hat nicht gesagt ‚Ich bin ein Anderer', das
wäre schizophren gewesen. Aber dass es dem Ich gegenüber noch etwas oder jemanden – nur ausgedrückt in
der dritten Person – geben kann, klingt nicht uninteres-
sant. Vom Unbewussten spricht heutzutage ohnehin
schon jedermann, nur weiß man davon immer noch zu
wenig. Dies drückt sich ja auch in dem Begriff des *Unverständlichen* aus, wobei die Psychoanalyse, aber
ebenso Neurowissenschaften und Kognitionsforschung
zum Verständlichen des Psychischen, der nicht so ganz
bewussten seelischen Vorgänge, auch ein bisschen bei-
getragen haben.

Trotzdem bleibt noch vieles ungeklärt, in der Psychoanalyse spricht man oft von all dem, was selbst im Unbewussten nicht so richtig fassbar repräsentiert ist, was
man also selbst mit Traumdeutung und Interpretation
frei, spontan assoziierter Äußerungen der Patienten
nicht weiter klären kann. Aber es ist etwas da, das eben

unverständlich ist. Und so ähnlich klingt es ja auch bei Nasio, wenn er warmherzig vom *Anderen* schwärmt, geschrieben mit reinem **A**. Und weil er nicht Gott ist, aber auch nicht ein Über-Ich oder ein Gewissen, bleibt Er/Es ein Pro- und Contra-Partner, ein selbst nicht fertiger, und doch fast perfekter *Anderer,* A̶ mit Querstrich, der einen ein Leben lang begleitet, und zu dem das Sprechen geht und wieder zurückkehrt, geht und wieder kommt, Blick draußen, Stimme innen, Blick innen, Stimme draußen, kurz A̶, wie Lacan ihn schreibt, was trotz allem ein großer Trost ist, weil es ihn im Unbewussten gibt. Ja weil man mit ihm sogar kommunizieren kann, denn er hat – wie gesagt – sowohl Blick wie auch Stimme, und das genügt ja, um in wirksam zu machen.

2. Pyrrhon und die Gelassenheit

Manchmal demonstrieren die Aussprüche noch unbefangener Kinder recht gut das Wesen, ja geradezu die Mathematik des Signifikanten. „Ich (als Aussage für die 1) habe drei Brüder (Aussage für die 3), Paul, Ernst (für die 2) und mich (Schlussaussage für alle zusammen für die 4). Intelligenzforscher lachen sich kaputt über den Spruch dieses Kindes, dabei ist das 1, 3 und dann 2, 4 ganz konkret der Anfang aller Dinge und aller Mathematik, und nicht die 1, 2, 3, 4, etc. Denn bevor alles zu Zählende da ist, gibt es auch einen oder etwas der/das zählt, was mit berechnet werden muss. Das Kind (die 1) sieht sich und die Brüder (3), aber dann zählt es sie auch noch in Form zweier Gruppen, Paul und Ernst (2), sowie sich selbst nunmehr in einer neueren Version als einer, die als letzter Schritt wieder zum Anfang zurückgeführt werden kann, und die somit eigentlich eine neue, ganz andere Eins ist.

Lacan begründete auf diese Weise eine andere, neue Mathematik, in der sich sagen lässt, dass die erste Eins eine Null für eine andere, die zweite Eins repräsentiert, wodurch beide unterschiedliche Einsen sind, die aber die bis heute bestehende Problematik der fehlenden Evidenz der ersten ganzen Zahlen sogar zu lösen vermag. Denn der Null/Eins Abstand erhält damit eine bestimmbare Größe, man kann sich nicht mehr einfach einem 1, 2, 3, 4 bis ins Unendliche anvertrauen, von dem keiner weiß, was das sein soll. Mehr und noch mehr und noch mehr bis zu Geht-Nicht-Mehr oder was? Um klare Verhältnisse definieren zu können, lässt sich das Problem des Null-Eins-Abstandes auch am Wesen der Psychoanalyse zeigen.

Der Analytiker sitzt schon im Sprechzimmer, er ist die irgendwie vorgesetzte Eins, wenn der Patient als zweite Eins hereinkommt. Es gibt nichts Definitives, kein festgelegtes Thema, nur eine Null sozusagen, die sie sich gegenseitig repräsentieren, denn sie wissen nichts voneinander. Sie müssen beide nun durch ‚gleichschwebende Aufmerksamkeit' (Analytiker) und ‚freies Assoziieren' (Patient) irgendwie abstecken, was sie sich eigentlich zu sagen haben, bzw. was sie füreinander zählen und sind. Dass der Patient dabei Bedeutungen aus früheren oder anderen Beziehungen ins Spiel bringt und auf den Analytiker ‚überträgt', weil er ihm ein Wissen ‚unterstellt', dass dieser so genau gar nicht hat, ist nur der theoretische Rahmen, in dem sich die analytische Psychotherapie abspielt.[6] Das Wesentliche besteht im Klären eines gemeinsamen, miteinander definierten Null/Eins Abstandes. Wieviel zählt der Andere für den Einen und umgekehrt. Nach vielen Stunden des Zusammensitzens wird man ein Ergebnis haben.

---

[6] Dieser Komplex: Unterstellung/Übertragung, setzt – so Lacan – das Unbewusste in Gang.

Der Patient weiß nicht, was er sagt, aber der Analytiker weiß auch nicht so genau, was er sagen soll, wie er in welchem Moment welche Deutung er zum Gesagten anbringen darf, kann oder muss. Wann er den *Anderen* repräsentiert und wann nicht. Den *Anderen* als solchen, wie ihn Nasio ins Spiel gebracht hat, dass er ein Signifikanten Knäuel, eine Erscheinungs-Wort-Wolke ist, was man im Alltag gar nicht so merkt. Lacan sagte einmal, dass seine Patienten ihn immer wieder – wegen der Übertragung – für einen *Anderen* halten, während sein Hund in ihm immer den Gleichen sieht.[7] Immer für den Gleichen genommen werden ist einseitig und langweilig, aber immer den *Anderen* als solchen, den *Anderen* per se repräsentieren ist fast nicht zu bewältigen. Aus diesem Grund erscheint der *Andere* ja nicht nur im Außen, wo er jemand mit Bedeutung, zum Beispiel ein Lehrer, ein Arzt, ein Professor ist, sondern eben auch im Innern, im Unbewussten.

Und was ist er dort? Er ist ein sprechender Niemand, meint Lacan, womit am Anfang des Lebens durchaus die Mutter in Form ihres Blicks, ihrer Augen, ihrer Berührungen und ihrer süchtig machenden Brust, selbst, ja gerade nach dem Gestillt Sein, charakterisiert sein kann. Das Begehren, von dem Nasio schrieb, dass man es

---

[7] Unter Übertragung heißt, Bedeutungen aus früheren oder anderen Beziehungen auf dem Therapeuten inadäquater Weise übertragen.

schon bei der ersten Regung mit dem *Andren* verbindet, entsteht hier zudem auch als Sprechende(r)(s), als mütterlich-kindliches Reverie Geplapper, das aber bereits Wirkung hat, mithin genauso süchtig machend ist wie die Brust. Deren pulsierende Erscheinung korreliert also von Anfang an mit dem rhythmisierenden der Sprachlaute, die – wie eingangs mehrfach betont – ja nicht verstanden werden müssen, aber Wirkung haben. Beide kreieren zusammen ihre eigene Welt.

Der australische Philosoph, Neurowissenschaftler und Mathematiker D. Chalmers tut so etwas – bezogen auf alle Menschen – allerdings auch. Er hat in seinem kürzlich erschienenen und über 600 Seiten umfangreichen Buch ‚Realität+' ebenso versucht, Blick, Erscheinendes (‚naiv Realistisches') mit der Stimme, Sprechendes (‚simpel Illusionistisches') künstlich zu verbinden. Er will also die eine Eins (er und alle Menschen) mit der anderen Eins verknüpfen, indem alle Menschen nach dem gleichen Muster (nämlich dem der anderen Eins, die es aber paradoxerweise schon vorher gab) künstlich als die eine Eins, sozusagen retroaktiv, geschaffen seien.[8] Diese Paradoxie zeigt eigentlich schon von vornherein die Fragwürdigkeit der künstlichen Intelligenz (KI), die ja bei Chalmers doppelt im Spiel sein muss.

---

[8] Chalmers, D., Realität+, Suhrkamp (2023)

Angesichts der derzeitigen enormen Entwicklung auf dem Gebiet der KI diskutiert er also die Frage, ob die Welt samt den Menschen nicht ohnehin schon von einer – vielleicht nicht ganz so künstlichen – aber dann eben doch übergeordnet systemischen, aus sich selbst heraus aufgebauten Intelligenz, geschaffen, oder modern gesagt: programmiert worden ist. Woher sollte man wissen, ob alles nur Simulation ist, die man halt Realität nennt, weil – basierend auf den Wissenschaften – alles ziemlich stimmig komplexen, berechenbaren und sichtbaren Erscheinungen folgt, sogenannten Algorithmen nämlich, die selbst das Primäre sind: Eins real, Eins imaginär, aber doppelt für real gehalten. Zwischen der einen Eins und der anderen Eins steht einfach eine Null, die Chalmers jedoch nicht erklären kann, ja die er in seine Überlegungen gar nicht einbezieht.

Gewiss, was brächte das auch? Was brächte es, wenn man die Null zwischen den Einsen erklären könnte und mathematisch alles stimmt? Bei Chalmers handelt es sich letztlich doch um so etwas wie einen fast göttlichen Computer, um Gott als Informatiker, wie er sogar selbst schreibt, als Alleswisser, also nichts Neues. Auch bei Gott entschuldigt man ja die faktischen Fehler, die Theodizee, seine Rechtfertigung. Auch wenn die KI halluziniert und Fakten nicht kennt, sagt man, dass sie halt trotzdem etwas leistet, doch das haben wir alles immer schon so gehabt. Wenn ich hier über Meditation schreiben will, so handelt es sich dabei gewiss wieder nur um eine zweite Eins, denn man versetzt sich in eine andere Welt, in die Welt des Unbewussten, in die Welt des *Anderen*, wie Nasio es sagte und wie es die Psychoanalytiker heute ebenso handhaben.

Doch wie schon im Vorkapitel erörtert, ist der/das *Andere* als Unbewusstes in der Psychoanalyse nicht die KI und nicht Gott, den man mit großem, reinem **A** schreiben müsste, während der/das im unbewussten Seelenbereich jedes Einzelnen etablierte *Andere* mit einem Querstrich versehen sein kann, Ⱥ. Es ist nämlich dieser Ⱥ, dieser *Andere*, zu dem Nasios Gesagtes und auch Gedachtes hin und zurück geht, das heißt, dass es mit ihm einen Dialog auf der Basis der verknäuelten Signifikanten gibt. Diese Art von psychoanalytischer Begrifflichkeit des *Anderen* hat nun auch weitere Konsequenzen, weil der quergestrichene *Andere* nicht so wie der göttliche allmächtig und allwissend ist. Aber auch nicht so wie der künstlich intelligente, der mit uns gleich ist, wenn auch Realität+. Er ist nicht wirklich *Anders*. Gott ist zwar *Anders*, aber nicht quergestrichen, nicht Basis der Signifikanten, er ist selbst ein Signifikant, der erst im Knäuel vieler von ihnen Form annimmt.

Wohl wegen dieser Schwierigkeiten bekam der *Andere* Auftrieb in der Wissenschaft und in der Psychoanalyse eben einen Querstrich, der ihn – wie Nasio schrieb – als einem libidinös Begehrenden ausweist, der, selbst wenn er im gelungenen Dialog noch *unverständlich* war, dafür in diesem Dialog aber auch äußerst lebendig wurde. Libidinös, sexual-lebendig wie es die mütterlichen Berührungen, ihr Blick und ihre Brust am Beginn des Lebens darstellen. Freud hat nicht die Sexualität des Menschen von irgendwelchen Unterdrückungen befreit, im Gegenteil, er hat sie als eine erhebliche Erniedrigung des Liebeslebens bezeichnet und immer wieder betont, „dass etwas in der Natur des Sexualtriebes selbst dem Zustand der vollen Befriedigung nicht günstig ist".[9]

Diese Feststellung hat damit zu tun, dass es Freud im Grunde genommen um das erwähnte, speziell ‚infantil Sexuelle', hauptsächlich aus der unbewussten Mutter-Kind Beziehung stammende ging, das als solches gar nicht existiert. Er musste es aber sexuell nennen, weil er nur so der Heftigkeit, Dynamik und vor allem Charakteristik des Begehrens gerecht wurde. Schließlich kann man den Ödipuskomplex schlecht nur mit zärtlichen Liebesgefühlen erklären, da musste schon etwas Deftigeres her. Der *Andere, l'Autre*, steht dem nicht neutral gegenüber.[10] Er ist mit dem Subjekt in dem besagten Signifikanten-Knäuel verwickelt, ist kein absoluter, sondern ein Beziehungs-*Anderer*, Ⱥ, der sich jedoch mehr und

---

[9] Freud, S., Über die allgemeinste Erniedrigung des Liebeslebens, GW 8, S. 89
[10] Im Französischen kann das Demonstrativpronomen le, l', der oder die heißen, im Deutschen wird *l'Autre* aber immer mit der *Andere* übersetzt.

mehr dem reinen **A** nähern kann, wenn das Subjekt, der Mensch samt seinem Ich, sein Unbewusstes, sein unbewusstes Begehren analysiert und klärt.

Alles was der Patient also anspricht und beansprucht, weil er ja nicht weiß, was er sagt, muss wegen des heiklen Aspekts des Begehrens gut gehört, mit Staunen wahrgenommen und behalten werden, so aber auch ohne voreilige Antwort zum Patienten zurückkehrend wieder Neues hochkommen lassend, bis dieser merkt, dass sein Begehren immer noch infantile Züge hat. Doch geht es nicht dem Meditierenden genauso? Er öffnet sich automatisch nicht nur höheren Visionen, sondern auch tieferen Einsichten, die ihm nicht gefallen. Ich muss dies alles so sagen, auch wenn es in diesem Buch gar nicht um Religiöses oder Spirituelles (wie manche es nennen), aber auch nicht nur um Psychologie und Psychoanalyse gehen soll, sondern um wissenschaftlich begründetes Meditieren. Ich muss mich an die Wissenschaftlichkeit meiner Aussagen halten und weiß noch nicht ganz genau wie.

In erster Linie wird es darum gehen, wie aus der Psychoanalyse Lacans, aus seiner inzwischen international gut etablierten Lehre heraus das Meditieren strikt wissenschaftlich Begründungen finden kann, was bisher noch nie versucht worden ist. Gewiss gibt es Beschreibungen von Meditationen unter EEG (Elektroenzephalographie) oder unter fMRT (funktionelle Magnet Resonanz Tomographie), sowie statistische Auswertungen von Anwender-Berichten und eindrucksvolle, tolle Geschichten von Mystikern. Doch dies sind alles keine direkten, auch das Subjekt voll einbeziehende, wissenschaftlich hinterfragte Verfahrensweisen. Ich halte mich also hauptsächlich an die Psychoanalyse Lacans, von der ja auch Nasios Bemerkungen stammen. Lacan bezeichnete seine an Freud orientierte Wissenschaft als Konjekturalwissenschaft (Bedeutungswissenschaft wie sie in der Mathematik verwendet wird) oder Wissenschaft v o m Subjekt.

Man kann im erweiterten Sinn durchaus davon ausgehen, dass es kaum jemanden gibt, der stets weiß, was er sagt, wie Nasio es erwähnt, es sei denn es handelt sich nur um einen kleinen, konkreten, schlichten Sachbezug. Noch weniger wissen die meisten Menschen, dass ein Signifikant ein sprachlicher Ausdruck in Form einer oft nicht ganz *verständlichen Vorstellung* ist, nämlich dem Knäuel des Wort-Wirkenden, ein sich Überschneiden mehrerer Signifikanten. Der Satz von R. Descartes: „Ich denke, also bin ich", ist nicht unverständlich, dafür aber umso paradoxer. Denn Descartes kann ja bereits reden und Ich sagen, also existiert er bereits als der, der „ich zweifle oder ich denke" sagt. Er muss nicht nochmals sagen, dass er ist, im Gegenteil: wer ist er denn in dem Moment, bevor oder indem er das sagt, wäre das nicht doch noch viel interessanter zu wissen? Er ist auf die wort- und erscheinungs-wirkenden Signifikanten her-

eingefallen, weil er – ganz einfach gesagt – falsch gedacht hat. Und vor allem zu viel.

Er wusste zwar, was er sagte, aber er kannte die Signifikanten nicht, die wort-erscheinungs-wirkenden Knoten
und Knäuel, die mehr enthüllen als denken. Für die psychoanalytische Wissenschaft (nicht nur für Lacan, für
alle Psychoanalytiker) ist die Enthüllung, das Aufde-
ckende aus dem Unbewussten weitaus wichtiger als das
sogenannte Erkennen, das nur wachbewusste Denken
und Verstehen. Nicht nur ‚denken die Weißen zu viel‘,
wie die Psychoanalytiker Paul Parin und Fritz Morgenthaler als Fazit ihrer Recherchen bei den Dogons in Afrika schrieben.[11] Es geht nicht nur um ein Zuviel, sondern auch um das zu sehr Verständliche, das oft etwas
Verfälschendes, Täuschendes an sich hat.

Man sollte auch die Zustände des ‚Nicht-Denkens‘ kennen, also das des Meditierenden, was sich ebenfalls am
besten mit den Signifikanten erklären lässt. Denn die
Signifikanten sind weniger Inhaltliches sondern mehr
Strukturelles, was der Sprache nicht so sehr Sinn und
Bedeutung gibt, sondern Wichtigkeit, Ernst, Wort-
Wirkendes, aber auch umgekehrt und pyrrhoneisch: ihr
sprachlos Machendes, Erstaunendes, von sich aus Be-
eindruckendes, das zu Gelassenheit zwingt. Zur Gelas-

---

[11] Parin, P., Morgenthaler, F., Die Weißen denken zu viel, Kindler (1979)

senheit des wahrhaft sich selbst Zuhörenden, oder besser: bei sich selbst den *Anderen* Hörenden, bei sich selbst mit dem *Anderen* in und außer sich Kommunizierenden, bei dem sich nicht nur ein Wissen erdenkenden, sondern die Wahrheit zulassenden, offen legenden und eben Meditierenden.

Beten, was man früher gemacht hat, ist Meditieren von Inhaltlichem, während Meditieren Beten ohne Inhalt ist, sich also selbst in Präsenz des *Anderen* zuhören, um es nochmals anders auszudrücken. Selbst wenn man nicht weiß, was man sagt, kann man im Meditieren zuerst einmal sich selber zuhören, sich als seinem durch den *Anderen* erweiterten Ich. Der unbewusst *Andere* denkt nicht, rechnet und kalkuliert nicht, aber er weiß, wie es schon Freud vom Unbewussten sagte. Er, Es, das Unbewusste, das als *Anderes* vom Ich getrennte Subjekt, weiß, was verdrängt ist, was abgespalten, was – wie Nasio schrieb – durch einen Schnitt im Signifikanten von meinem bewussten Ich getrennt ist. Das wird vor allem in der Meditation sichtbar.

In ihr wird im Pyrrhonschen Sinne das Denken ja viel mehr reduziert als in der Psychoanalyse oder gar in der mit hunderten von Bitt- und Beschwörungs-Inhalten gefütterten Gebeten, die zu keiner totalen Gelassenheit, zu keinem Gleichmut, zu keiner gänzlich verfeinerten Hörigkeit im Schweigen führen. Nur in der meditativen ‚silence‘, in der auch das eingangs genannte Begehren sich meldet, und nur im ernsthaften Dialog mit einem selbst kann man sich auch mit dem Begehren, mit dem verdrängt Libidinösen auseinandersetzen. In einem selbst, aber auch mit dem der wichtigen *Anderen* innen und außen.

Man braucht da also irgendetwas, etwas so Ähnliches, was eben die Dogons haben, weil sie nicht so viel denken, auch wenn man intellektuell nichts damit anfangen kann, dass sie von Geistern, von spirituellen Wesen sprechen und ‚Visionen' vom Himmel und der Erdscholle haben. Freilich geht so etwas in der sogenannten westlichen Zivilisations-Kultur heutzutage nicht mehr, man hat hier die Erdscholle zerstört und auch im Himmel zirkuliert inzwischen so viel Schrott in den Umlaufbahnen der Satelliten, dass es einem die Stimme verschlagen hat. Oder es kann einem schwindlig werden, wie es mir früher einmal bei einem Gespräch unter Studenten, die ein bisschen anspruchsvoller über die Dinge des Lebens und der Wissenschaften reden wollten, passiert ist.

Nachdem wir über Linguistik, Phonetik, Phonematik und Semantik gesprochen hatten, war mir in der Folge bei dem weiten Begriff ‚Semiotik' richtig mulmig, schwindelig, benommen zu Mute. Spannungs-Kopfdruck und leichte Beklemmung ließen nicht mehr zu, dass ich an dem Gespräch weiter teilnehmen konnte. Zum ersten Mal bemerkte ich, wie Gedanken, ja nur ein paar Buchstaben im Kopf, krank machen können, wenn um einen herum auch das Simpelste schon krank ist, nämlich das zu ausufernde banale Denken. Später hatte ich nochmals ein ähnliches Erlebnis, als Freunde und mich die ‚Montague-Grammatik' der Sprachwissenschaftler faszinierte. Sie ist eine mathematischlinguistische Methode komplexen Ausmaßes. Ich kam mir dadurch fremdbestimmt vor, das war nicht mein Denken, das zu diesem Zeitpunkt sicher noch nicht genug akademisch war, und gleichzeitig auch viel zu wenig pyrrhoneisch oder lacanianisch.

Mein oben erwähntes Verfahren, das ich also in diesem Buch vorstellen will und ich *Analytische Psychokatharsis* genannt habe, sollte etwas für jeden sein, der sich dafür interessiert oder es vielleicht sogar aus Gründen seelischer oder seelisch mitbedingter körperlicher Störungen selbst benötigt. Die Theorie sollte intellektuell anspruchsvoll sein, aber die Praxis kinderleicht. Es besteht – so hatte ich es in anderen Veröffentlichungen ausgedrückt – darin, dass das übliche, das sogenannte 'gerichtete' Denken und das Nichtdenken sich in engster Verbindung abwechseln. Mit Nichtdenken ist nicht vollkommene Unbewusstheit gemeint, sondern ein Zustand der Aufmerksamkeit, jedoch ohne bestimmte Gedanken, also eben eine Art der Kontemplation, Meditation, die ‚silence'. Es handelt sich genau um den Zustand, den der Psychoanalytiker einnehmen muss, wenn er den 'freien Assoziationen' seines Patienten lauscht.

Wie erwähnt sagte Freud, dass der Analytiker dabei mit 'gleichschwebender Aufmerksamkeit' zuhören sollte, also im Zustand des nicht-denkenden Erstaunens und Verwunderns.

Auch der Analytiker sollte also nicht nur ‚gerichtet' denken, er ist jedoch wach und auf die Aussagen des Patienten hin orientiert. Er befindet sich somit in leichter Meditation, von wo aus er aber jeder Zeit zum gerichteten Denken zurückkehren kann. Er soll in der erwähnten Weise zuhören, in der man berührt wird, sich verwundert und erstaunt ist und eben nicht gleich mit einem vorzeitigen Verstehen reagiert. Das hat R. Nemitz mit der Pyrrhonschen Urteilsenthaltung und mit der in der Schwebe gehaltenen Wahrheitsfindung gemeint. Wie erwähnt heißt Verstehen eher angepasst Stehen' und zu schnell und zu hastig begreifen wollen. Die Dogons in Afrika stehen immer richtig – zugegeben, sie verharren in dem einmal eingenommenen Standpunkt, den ihre Erdscholle bestimmt und denken zu wenig.

Der Patient in der analytischen Psychotherapie wird aufgefordert eine ähnliche Haltung einzunehmen. Er soll ‚frei assoziieren', also spontan alles äußern, was ihm in den Sinn kommt, wobei er ebenfalls das ‚gerichtete Denken' ausschaltet und er so lernt, wie die Dogons zu denken, aber ohne darin zu verharren. Er soll „Gedanken ohne den Denker haben", wie dies der Meditationslehrer M. Epstein hinsichtlich des Buddhismus be-

schreibt.[12] Es ist fraglich und vielleicht nie ganz ausreichend und schlüssig zu beantworten, ob es so ein unbewusstes Denken überhaupt gibt. Immerhin erinnert es
an Lacans „penser foisonnante", das ein vermutendes,
erwartendes Denken ist, ähnlich erwartend, wie man es
eben in einer Meditation tut, wo man dauernd die zu
rationalen Gedanken wegschieben muss. Es ist – wie die
Mathematiker sagen – tatsächlich ein „Denken in Erwartungen" und/oder ein „Denken in Strukturen".[13] So
im Denken und Nichtdenken hin und her pendelnd soll
man, so heißt es bei Epstein und auch bei Pyrrhon, zur
ἀταραξία, Ataraxie (Glückseligkeit) gelangen.

Lacan erklärte, dass das Unbewusste nicht so sehr nur
aus verdrängten Bedeutungen irrelevanter Gefühle und
Affekten und der Fähigkeit zur Glückseligkeit besteht,
sondern aus etwas grundlegend Rhetorischem, aus etwas
sprachlich Verfasstem, aus den zusammen gewürfelten
Signifikanten. Was früher aus einem durcheinander gera-
tenen Gewissen bestand, konnte jetzt als von der Struktur der Sprache her beherrscht entlarvt werden, auch
wenn man übersetzend ein bisschen nachbessern muss.
Was das Gewissen als relevant oder irrelevant einstufte,

---

[12] Epstein, M., Gedanken ohne den Denker, das Wechselspiel
von Buddhismus und Psychotherapie, Fischer (1998)
[13] Basiere, P., Die Welt als Roulette, Denken in Erwartungen,
Rowohlt (1995) und Die Architektur der Mathematik, Denken in
Strukturen, Rowohlt (2000).

war nun schon in Buchstaben-Verschiebungen und - Überlappungen zu erkennen. Bei den Algorithmen Lacans handelte es sich um „linguistische Kristalle", das heißt, sie hatten eine rein sprachliche (also mal wieder wort-wirkende) und auch rein bildliche, geometrisch-topologische (erscheinungs-wirkende) Form, in der Übertragung und Deutung steckten.[14] Linguistisch kristallin klingt freilich abstrakt, und so war Lacan oft schwer zu verstehen, aber mit etwas Mühe durchaus zu begreifen.

Dagegen ist es nicht schwer zu verstehen, klingt aber albern und profan, was Chalmers und auch der Philosoph N. Harari schreiben, wenn sie alles mit den Algorithmen erklären.[15] Chalmers zweite Welt ist genauso wie die erste mit all den Vor- und Nachteilen ausgestattet, er begehrt nur sich selbst in Form seiner Autorenschaft verdoppeln zu können, und Harari erklärt den Menschen gleich den Pfad zum direkten Gott Sein. Ich will es einfacher machen und sagen, dass – versteht man Lacan als Pyrrhoneer, man auch ihn besser begreifen kann. Pyrrhon huldigten nicht nur der geistige Überflieger des Mittelalters, Erasmus von Rotterdam und noch ein paar andere, die ich bereits erwähnt habe, ihm huldigten auch die Philosophen E. Husserl, G. Berkeley

---

[14] Es war Lacans Art die *unverständlichen Vorstellungen* in eine abstrakt wissenschaftliche Form zu bringen
[15] Harari, N., Homo Deus, C. H. Beck (2017) S. 497

und Fr. Nietzsche sowie der zeitgenössische Philosoph O. Marquard. Schon die Titel von O. Marquards Veröffentlichungen wie ,Die Philosophie des Stattdessen' oder ,Plädoyer für die Einsamkeitsfähigkeit' zeigen, dass er ein echter Pyrrhoneer war.

Nietzsche schrieb sogar eine Geschichte über den Dialog Pyrrhons mit einem alten Mann, der damit endete, dass alle Philosophie nur Schweigen oder Lachen sei.[16] Pyrrhon akzeptierte nur Erscheinungen ohne jede Interpretation. Er zweifelte an allem und nahm nichts völlig ernst, hörte den Menschen gut zu, kommentierte deren Aussagen aber nur mit anderen Wörtern und keiner eigenen Meinung. Sein Prinzip – oder sollte man vielleicht auch sagen: sein Algorithmus – war das επεχειν (epechein), das sich Zurückhalten, sich Weghalten, das Skeptisch- und Verinnerlicht-Bleiben. Als totaler Skeptiker richtete er sich gegen die damals seit zwei-, dreihundert Jahren herrschenden Dogmatiker, die von Sokrates animiert waren und die Akademiker, die Aristoteles folgten.

Pyrrhon war ein echt knuffiger Typ. Die Dogmatiker, sagte er, suchen und finden etwas, das sie festlegen, fixieren. Die Akademiker suchen, finden irgendetwas, aber nichts ganz Ausreichendes, und die Skeptiker, so wie er einer war, suchen und suchen und suchen und

---

[16] Nietzsche, F., Der Wanderer und sein Schatten. Kritische Studien Ausgabe, Bd. 2, S. 645 f.

bleiben dabei gleichgültig. Sie legen sich nicht fest, wollen keine Freude am Besitz haben und keinen Eifer, keine Emsigkeit gut heißen. Mit dieser Philosophie lebte Pyrrhon glücklich und entspannt, lehrte an einer eigenen Institution, hatte viele Schüler und wurde sehr alt. Gleichzeitig lebte er aber auch gefährlich, denn in seiner Zurückhaltung gab es für ihn keine Besitztümer, er ging immer quer durch alle Grundstücke und Gärten, so dass seine Freunde und Schüler ihn ständig vor drohenden Inhabern und bissigen Hunden schützen mussten.

Trotzdem war er ein geehrter Mann und Philosoph, die Stadt Elis erließ wegen seiner Verdienste Steuerfreiheit für alle Philosophen. Nun werden es nicht so viele gewesen sein, aber der Professor für Philosophie M. Hossenfelder betonte die – gegenüber der inzwischen dogmatisch gewordenen Philosophie Platons und Aristoteles – glückselig machende und die Selbstgewissheit stärkende Wirkung des Pyrrhonismus. Deren Nachlassen habe die Stelle für das Glückseligkeits-Versprechen des Christentums freigemacht – sagte er – es wären nicht die trockenen Thesen der Kirchenväter gewesen, die das Christentum in den Anfängen hochgebracht haben.[17] Dementsprechend gab es eine Renaissance der Philosophie Pyrrhons auch „am Ausgang des Mittelalters, als mit der erlahmenden Glaubenskraft der katholischen Kirche und

---

[17] Hossenfelder, M., Einleitung zum Werk von Sextus Empirikus, Grundriß der pyrrhoneischen Skepsis, Suhrkamp (2021)

der aufkommenden Religionsspaltung ein ähnlicher Auf-
lösungsprozess der Selbstgewissheit stattfand".[18]

Zentrum der Philosophie Pyrrhons war außer der Skepsis
die ἰσοσθένεια, die Isosthenie, die Gleichwertigkeit, die
Gleichschätzung aller Dinge, vor allem, was man diesbezüglich darüber aussagt. „Die Skepsis ist die Kunst,

Pyrrhon von Elis

auf alle mögliche Weise erscheinende
und gedachte Dinge einander entgegen-
zusetzen, von der aus wir wegen der
Gleichwertigkeit der entgegengesetzten
Sachen und Argumente zuerst zur Zurückhaltung [epechein], und danach zur
Seelenruhe gelangen". Nur was man
momentan erlebte, galt als erwiesen,
alles was vorher war und nachher sein wird, wurde für
ungewiss gehalten, und noch schlimmer war es, wenn
man darüber feste oder gar ‚voreilige‘ Urteile aufstellte,
also der προπέταια (propetaia), der Unbesonnenheit und
Voreiligkeit frönte. Gefordert war eine grundlegende
Gleichgültigkeit gegenüber allen Erscheinungen und
definitiven, vor allem dogmatischen Aussagen. Wenn
man es ganz kurz sagen will, war dem pyrrhoneisch
Gleichgültigem auch die Gleichgültigkeit gleichgültig,
was an den Taoismus erinnert, wo es zum Beispiel heißt:

---

[18] Schultz, U., Montaigne, Rowohlt Monographien (1989) S. 106

„Das Genüge des Genügens ist beständiges Genügen".[19] Eigentlich braucht man gar nichts zu tun als vielleicht ein bisschen zu meditieren oder nur da sein. Nun ja, ganz so nihilistisch hat sich auch Pyrrhon nicht verhalten.

So weit will ich weder die vollkommenen Gleichgültigkeit noch die Genügsamkeit beschwören. Aber Pyrrhon hat insofern, d. h. als Lebenskünstler Recht, wenn er die perfekte Gleichmut, die ἀταραξία, Ataraxie (auch Glückseligkeit) lebte und sich nur gelegentlich durch die Geste, durch seine kontemplative Praxis und seine Selbstglaubhaftigkeit mitteilte. Das würde heutzutage der Politik, vor allem den Autokraten, aber auch den übertrieben Wissenssüchtigen in den Universitäten gut anstehen, die ihr Wissen gar nicht mehr hinsichtlich dessen Wahrheitsgehalt hinterfragen. Sie alle nehmen sich eben nicht zurück, sie sind ständige Macher, sie halten nicht inne, und wie Nasio sagte: sie wundern sich nicht, wie es Pyrrhon empfiehlt. Im Gegenteil, sie drängen immer nach vorne und wollen unbedingt einen neuen, noch größeren Teilchenbeschleuniger bauen (FCC, Future-Circular Collider), der noch deutlich mehr kosten würde als der bisherige LLC (Large Hadron Collider) bei Genf, nämlich mehr als vierundzwanzig Milliarden Euro. Dafür könnte man vielen afrikanischen Staaten auf die Beine helfen und auch noch etwas fürs Klima tun.

---

[19] Laotse, Tao Te King, das Buch vom Sinn und Leben, Kap. 46

Freilich sind auch die Geisteswissenschaftler, die ja immer schon etwas hinten anstanden, nicht besser dran. Informatik, Topologie, Kognitions- und Computerwissenschaft sowie noch ein paar andere Disziplinen in dieser Richtung scheinen heute die Leitfunktion innerhalb der Wissenschaften einzunehmen. Demgegenüber vermittelte und äußerte sich Lacan behutsamer, als er sagte, man könne nur so ungefähr gescheit daherreden und die Wahrheit immer nur halb sagen, schließlich müsse man den Anderen so umfassend ins Gespräch einbinden, dass er sich darin wirklich wiederfinden kann, und das passiert eigentlich nie. Aus diesem Grund wird der Andere ja zu diesem verinnerlichten *Anderen*, den ich im Eingangskapitel erwähnt habe. Er ist einerseits ein ‚Spiegel der Wahrheit', also etwas rein Reflektorisches, Erscheinungs-Wirkendes, aber andererseits auch das bestimmend Wort-Wirkende, der wolkenartige Hort der Signifikanten. Lacan hat all dies noch dahingehend verstärkt, indem er in seine Lehre – wie er es mehrmals betonte – von der Vermutungs-, d. h. Konjektural-Wissenschaft her einbrachte.

Schon der Theologe Nikolaus von Kues (1401-1464) hat das lateinische ‚coniectura', die Konjektur, die Vermutung, zum Werkzeug seiner wissenschaftlichen Bestrebungen gemacht. Man geht darin von einer Vermutung aus, reichert sie durch weitere gezielte Vermutungen an, bis man an einem letztlichen Punkt ankommt, der in einer wissenschaftlichen Gewissheit gipfelt. Mathematiker, Kriminologen, Philosophen und andere gehen auch heute so vor. Lacan hatte eine Unmenge an philosophischer, sprachwissenschaftlicher und psychoanalytischer Literatur gelesen und hatte, wie Pyrrhon, trotz erschwerten Verstehens viele Schüler.

Manche von Lacans Thesen enthielten demnach auch eine Menge Skepsis und viele in der Pariser Bürokratie hielten ihn sogar für verrückt und – wie es ja auch bei Sokrates der Fall war – für einen Verführer der Jugend (sie kündigten seinen Vorlesungssaal, weil sie ihn angeblich dringend für den ständigen Universitäts-Betrieb benötigen würden, in Wirklichkeit sahen sie in ihm einen Aufrührer und verwirrten Lehrer). Er war nicht der erste, den man unter dem Deckmantel, die Jugend schützen zu müssen, von der Universität verbannen wollte.

3. Rauschen und Stammeln

Auch wenn all das bisher von mir Gesagte nicht voll zu begreifen war, es gilt nach wie vor, dass es erst einmal genügt zu spüren, dass an dem Gesagten trotzdem etwas dran ist, so dass man also weiterlesen und weitergehen kann, bis man selbst so kontrapunktisch, so subjektbezogen, so vom *Anderen* her geschult und aus dem epechein heraus reden kann, wie Nasio es tat. Weder Pyrrhon, noch Lacan, noch andere, die ein bisschen zurückgenommen lebten, waren und sind deswegen nicht unkommunikativ oder unpolitisch. Pyrrhon hatte Ämter inne, er hatte viel Umgang mit seinen Mitmenschen. Er soll sogar mit Alexander dem Großen auf dessen Feldzug nach Indien mit dabei gewesen sein und dort mit Yogis und Fakiren, sowie auch buddhistischen Mönchen gesprochen haben. Ganz sicher ist es nicht, aber es würde passen, dass er dort eine meditative Praxis erlernt hat und man von daher seine passive, kontemplative Einstellung zu vielen Aspekten des Lebens erklären wollte.

Pyrrhon ganz ähnlich, fängt bei Lacan alles mit einem grundsätzlichen Mangel (einer Nichtexistenz) an, ja nicht einmal nur mit einer Null, sondern sogar mit einem Minus, mathematisch mit einer minus Eins, das hätte Pyrrhon sehr gefallen. Gäbe es diesen Mangel nicht, würden wir – krass ausgedrückt – vor Angst vergehen. Man muss sich schließlich nur vorstellen, dass nichts mangelt, dass es keinen Mangel gäbe: tatsächlich wäre das Leben grauenhaft. Es wäre nicht nur total langweilig, weil nichts zu tun wäre, es würde auch nicht an Gedanken mangeln, denn alles wäre schon gedacht. Und selbst Lust, Genuss, Freudiges und Sexuelles würde nicht mehr auszuhalten sein, weil es einen Höhepunkt verlangt, der abreagiert, gelöst, zur allgemeinen Homöostase, Gleichgewichtung, Ausgeglichenheit wieder heruntergefahren werden müsste. Vor solch einer mangellosen Welt würde man Angst bekommen, denn die schlimmste Angst ist die, in der einem Etwas oder Jemand effektiv Glauben machen will zu existieren, was/wer gar nicht da ist, indem es eben nicht mangelt.

Der Mangel, das Fehlen, das Minus ist notwendig, und Gott sei Dank ist der Mensch primär ein Mangelwesen. In diesem Sinne trauert man beispielsweise auch nicht um einen, der einem mangelt, der einem verloren gegangen ist, sondern um den, „dessen Mangel man selber war", dem man also nicht mehr genügend fehlen kann, dessen Lücke man jetzt ohne ihn bleibt, wie Lacan meinte. Damit lässt sich auch das psychisch, seelisch, elementar Unbewusste verstehen, das für die Psychoanalyse im Zentrum ihrer Wissenschaftlichkeit steht. Es hat scheinbar mehr mit dem oft fehlenden Subjekt zu tun als mit dem sich stets in den Vordergrund drängenden Objekt. Aber bla, bla, bla – ich will da gar nicht weiter herumphilosophieren, denn all diesen Thesen fehlt einfach die Praxis. Muss man nicht selbst etwas hautnah erfahren und nicht nur wissenschaftlich theoretisieren können? Hat wie bei Pyrrhon tief Erlebtes, Erfahrenes, all die Praxis also entscheidenden Vorrang, in die man „zufällig und ungewollt, in gleichgültige Passivität gerät".[20]

Denn ‚eine Unze Praxis ist mehr wert als eine Tonne Theorien' heißt ein altes Sprichwort. In etlichen Büchern habe ich die therapeutische Methode der *Analytischen Psychokatharsis* beschrieben, die aus sprachwissenschaftlichen Forschungen stammt, und deren Ergebnisse auch Grundlage zur persönlichen Praxis in Form einer Selbstanalyse und Meditation sein können. Die besondere Wirkung des Verfahrens wird speziell dann ersichtlich, wenn man umgekehrt als üblich das *Unverständliche* zur Meditation benutzt. Wenn wie gesagt, Meditieren eine Art Beten ohne Inhalt, also ohne zu Verständlichem, zu bewusst Gemachtem kennzeichnet ist, womit ich mich wieder auf den Pyrrhoneer Erasmus von Rotterdam beziehen kann. Er war nämlich der erste Wissenschaftler, der sich damit beschäftigt hat.

Damals, im sechzehnten Jahrhundert, existierte zwar nur Literatur in Form lateinischer und griechischer Texte vorwiegend philosophischer und geistlicher Natur (Altes und Neues Testament), doch Erasmus beherrschte all diese Sprachen in perfekter Art. So fand er heraus, dass das Neue Testament in so verwirrend unterschiedlichen Ausdrucksweisen geschrieben war, dass man es inhaltlich gar

---

[20] Hossenfelder, M., Einleitung zum Werk von Sextus Empiricus, Grundriß der pyrrhoneischen Skepsis, Suhrkamp (2021) S. 63

nicht genau begreifen konnte. Jeder vermochte nach seinem Belieben und oft eben nur im oberflächlichen Verstehen das für ihn Wesentliche herausholen und es zur Doktrin zu machen, während Erasmus genau das Gegenteil wollte, nämlich dass man sich vor und von dem Wirrwarr des Textes erstaunen und verwundern lassen sollte.

Es handelt sich um den gleichen Wirrwarr, den Lacan fünfhundert Jahre später in den Signifikanten-Knäueln seiner Patienten wiederfand. Sie wissen eben nicht, was sie sagen und häufen dabei Wort-Knäuel an, die aber bei genauer Betrachtung doch signifikant sind, aus Signifikanten bestehen. Freilich musste Lacan dazu die Freudschen Grundlagen und Thesen gelesen und sich mehrere Jahre in Lehranalyse befunden haben, so wie auch Erasmus all die Sprachen und Sprachformen kennen, und so aus dem Wort-Wirkenden der Bibel keine Doktrin machen musste, sondern geradezu den Klang, das Geraune, das Geräusch der Signifikanten heraushören konnte.

Erasmus nannte es auch das ‚Stammeln einer Botschaft‘ und das ‚Rauschen‘ des sprachlichen Tons, der aus den Texten herausklang.[21] Exakt da, in diesem an das ‚weiße Rauschen‘ moderner Informationsgeräte (Radio, TV) erinnernde Rhythmische, aber auch Kreative der tanzenden Phoneme und Semanteme in den ‚vibrations‘ des Wort-Wirkenden als solchem, liegt der Angelpunkt all dieses

---

[21] Langereis, S., Erasmus, Biographie eines Freigeists, Propyläen (2023) S. 695 und 848

psycho-physischen Geschehens, der Grund-Algorithmus, das Axiom, auch nach heutiger Auffassung und eben auch nach der Meinung des Pyrrhoneers Erasmus. Immer wieder fand er im Lateinischen und Griechischen sich überschneidende Silben und Phoneme, die stets etwas anderes sagten, als das, was bekannt war. Diese altertümlichen Sprachen raunten, murmelten und wisperten ganz neue Geständnisse und Offenbarungen aus sich heraus.

Dies lässt sich recht originell auch bei einer Patientin Freuds veranschaulichen, die ja reden und reden sollte, was immer ihr einfiel. Diese Patientin glaubte sich aus der Affäre ziehen zu können, indem sie sagte, sie kann sich nur an ein einziges Wort aus einem Traum erinnern, nämlich das Wort *Kanal*. Letztlich fiel ihr dazu nur der spöttische Satz ein, den die Franzosen den Engländern gegenüber gerne gebrauchen: ,Vom Erhabenen zum Lächerlichen ist es nur ein Schritt (pas), der ,*Kanal* von Calais (pas du Calais). Nun wurde schnell klar, dass es der Patientin um den Schritt von der erhabenen Wissenschaft zur lächerlichen Psychoanalyse ging, ein Spott, den Freud des Öfteren ertragen musste. Die Patientin gab zu, dass daran etwas Wahres war. Aus dem weißen Rauschen, aus dem Signifikanten-Knäuel eines Satzes, war das Wort *Kanal* heraus zu hören gewesen, das nur noch eine Assoziation benötigte, um den zutreffenden Sinn, das Spöttische offen zu legen, das sie aber auch selbst entlarvte.

Diese Information aus einer nur gestammelten Botschaft kann die moderne Informationstheorie – in einem gewissen Gegensatz zu ihrer klassischen Form – mit dem ‚algorithmischen Informationswert‘ durch folgendes Beispiel näher erklären:

1000110111100101   1111111100000000

„Während die erste Folge durch Münzwurf als Zufalls-generator erzeugt wurde, kann die zweite Folge jedoch durch die Anweisung „8x1 dann 8x0" verkürzt werden. Im Sinne der modernen Informationstheorie hat die erste Folge deshalb mehr ‚entropischen Verlust‘, da sie viel schwieriger oder gar nicht verkürzt werden kann. Die algorithmische Information ist umso höher, je gleich-förmiger eine Zeichenkette (unter anderem durch Daten-kompression) zusammengestaucht werden kann."[22] Es verhält sich also wirklich umgekehrt wie bei der üblichen Information durch Resonanz, also klar hörbarer und differenzierter Lautfolgen, während die Redundanz – also beispielsweise das gerade zitierte Stammeln und Rauschen der biblischen Botschaft – versteckt in ihr selbst mehr Aussagekraft hat. Man muss nur entspannt und wohlwollend genug meditierend zuhören.

Zum Vergleich eignen sich auch viele Dichtungen, etwa die Ezra Pounds, in der mehrere Sprachen und Wortstücke so benutzt werden, dass sie unverständlich klingen, aber als scheinbar wirre Dichtung sagt sie deutlich mehr aus, als ein zu sehr geschönter Vers oder ein total versachlich-ter Prosatext. Ein noch bekannteres Beispiel ist James Joyce Buch ‚Finnegans Wake‘, das wirklich nur noch ein

---

[22] Algorithmische Informationstheorie – Wikipedia

Geraune, Gemurmel und Gestammel ist, und doch zumindest ein Gefühl, eine Ahnung, ja eine Impression eines Dubliner Kneipenwirtes und dessen Familie mit vielen Anspielungen, Neologismen und stammelnden *unverständlichen* Metaphern ergibt, die mit dem Aufstieg und Fall der Menschheit zu tun haben, aber auch ganz einfach die seelische Grundstimmung von James Joyce widerspiegelt, die ihn geprägt von der Trunksucht des Vaters und dem Anspruch des Katholizismus sein Leben lang umtrieb.

Zu dem Thema der literarischen Kunst kann ich den Philosophen Byung-Chul Han zitieren, der meinte, die rein informativen Sätze, die heutigen Datenströme und die allzu glatte, reibungslose Kommunikation haben etwas Pornographisches an sich. Überhaupt sei die übliche „Information eine pornographische Form des Wissens, der jede Innerlichkeit fehlt, die das Wissen auszeichnet".[23] Sie hakt das Wissen einfach ab, so wie man einen nichtigen Kauf abhakt. Man kümmert sich nicht um die tiefere Wahrheit des Wissens, sondern achtet nur darauf, dass es gut durchorganisiert, hochkarätig berechnet und sprachlich abstrakt stilisiert ist. Der zu glatten Literatur fehlt die Wunde, die Negation, das Rauschen, die *unverständliche Vorstellung*, die ja auch das Geheimnis des Gesagten sein kann.

In den siebziger Jahren des letzten Jahrhunderts gab es einen Esoteriker, der aus dem weißen Rauschen von Radi-

---

[23] Byung-Chul Han, Die Errettung des Schönen, fischer wissenschaft (1916) S. 19

oempfängern Stimmen herauszufiltern glaubte, die kurze Sätze sagten. Um andere Zuhörer zu überzeugen, wiederholte er laut die Worte, die er heraushörte. Und tatsächlich, so von ihm animiert konnte man sich dann diesen stimmhaften Sätzen nicht ganz entziehen, auch wenn sie wohl gar nichts wirklich Zutreffendes sagten. Wissenschaftlich ist dies natürlich nicht zu halten. Dennoch ist der Gedanke nicht schlecht, dass das weiße Rauschen von Informationsmechanismen sich ähnlich verhält wie das Vakuum in der Physik und von daher stammt. Dort fangen Materie und Energie nämlich besonders an sich zu regen und Merkmale ihrer von anderer Seite her zu sehenden Natur zu zeigen. Überall gibt es dieses Kontrapunktische zwischen dem Ausgedehnten, Weitschweifigen, Uferlosen endlos Verständlichen, bei dem man den Faden verliert und am Schluss nicht mehr weiß, was gesagt ist, und dem knapp Präzisen und Unverständlichen, dessen Botschaft klar, aber oft schmerzhaft ist.

Ich greife nochmals das Problem mit der Vater-Metapher auf, die um die Frage des letztlichen Wesens dessen kreist, was nicht nur mit dem leiblichen Vater zu tun hat, sondern mit etwas Umfassenderem, so wie man von Herodot als dem Vater der Geschichtsschreibung spricht oder von Freud als dem Vater der Psychoanalyse. Wie erwähnt hatte Freud das Problem an Hand des toten Vaters abgehandelt, in dem man den Vater aus Schuldgefühlen, ihn umgebracht zu haben, zu einem Gott erhöht hat. In der Therapie wird diese Konstellation ausgenutzt, indem der Patient den Therapeuten zwar nicht gerade erhöht, aber ihm doch erhebliches Wissen unterstellt, ihn für einen Vater per se hält, was man wie gesagt die Übertragung von Bedeutungen auf den Therapeuten nennt.

Lacan hat diesen Beziehungs-Aspekt zum Vater dann um die Geschichte mit der Sündhaftigkeit des Vaters erweitert, was auf unbewusste Schamgefühle hinauslief, also eine Scham-Unkultur. Der Ur-Vater hätte seine Scham öffentlich machen und die Kinder hätten sich für ihn schämen müssen. Doch auch damit kommt man hinsichtlich einer Lösung des Vater-Symbols und der damit verbundenen Frage, was denn ein Vater eigentlich ist, weil er eigentlich tot, leer und *unverständlich* bleibt, nicht weiter. Nun erinnert das alles auch wieder an den ‚toten und leeren Signifikanten‘. Dieser Ausdruck stammt eigentlich aus der Literaturwissenschaft. Der Dramatiker F. Dürrenmatt erklärt im Anhang an sein Theaterstück ‚Die Physiker‘, dass man, um den richtigen, deftigen, dramatischen Effekt in ein Stück zu bringen, es mit banalen Alltäglichkeiten, also mehr oder weniger ‚leeren Signifikanten‘ beginnen lassen sollte. Gleich danach aber muss das Stück die „katastrophischst mögliche Wendung" nehmen, also volles, aufwühlendes, negativ getöntes Wort-Wirkendes, das die Leere zunichtemacht und erneut die Frage stellt, um was es eigentlich geht auf dieser Welt.

Das Vater-Symbol, ich nenne es einmal den ‚kontemplativen‘ und nicht den ‚*unverständlichen* Signifikanten‘, kann heutzutage ohnehin nur durch einen Wissenschaftler bestätigt sein. Die mythischen, märchenhaften, spirituellen, aber

auch die politischen oder die an Ethos und Moral orientier-
ten Väter genügen nicht mehrt. Aber welcher Wissenschaftler wäre es dann, der die Vater-Metapher weitertra-
gen könnte? Der Sozialwissenschaftler, der heute ja alle
Medien durchdringt, der den sozialen Status definieren
und durcheinanderbringen kann? Nein. Der Naturwissenschaftler, der Gravitation und Quantenmechanik nicht
mehr zusammenbringt, kann's auch nicht sein. Ein Poli-
tikwissenschaftler? Nein, aber vielleicht würde es der
Kognitionswissenschaftler sein, der Informatik, Computertechnik, und künstliche Intelligenz-Programmierung und
weiß Gott was sonst noch beherrscht. Den entscheidenden
Schritt muss man allerding ohnehin – wie eingangs erwähnt – über den Vater-Namen hinaus selber tun.

Was den Namen als solchen betrifft, so geht es letztlich
um so etwas wie das „sich hören machen", wie es Lacan
nennt, das echoartige Verlauten im Unbewussten, das auch
daher kommt, dass man die Ohren nicht schließen kann.[24]
Die Laute kommen von außen und innen und sammeln
sich zu einer Art ‚Echo des Körpers', die sich im *Anderen*
sammeln, wie Lacan suggeriert. Es muss nicht unbedingt
der Vater sein, schon vorgeburtlich soll es zwischen Mutter und Kind Widerhalleffekte geben.[25] Der *Andere* ist

---

[24] Lacan, J., Seminar XI, Die vier Grundbegriffe der Psychoanalyse, Walter Verlag (1980) S. 204

[25] Maiello, S., Das Klangobjekt. Über den pränatalen Ursprung
auditiver Gedächtnisspuren, PSYCHE Nr. 53 (1999). Auch die
Psychoanalytikerin D. Birksted-Breen berichtet, dass Kinder, die

Ausgangspunkt dieses „sich hören machens" und all der Laute, die helfen sollen, wie man selbst zum Wort wird, zum Redefluss, ja zum elaborierten Selbstgespräch, damit man sich im *Anderen* begreifen, aber auch sich selbst als durch den *Anderen* bestätigt und anerkannt hören kann, wie es schon Nasio andeutungsweise beschrieb.

Lacan konstatiert zudem, dass das „wie eine Sprache strukturierte", also durch den wolkenartigen Hort der Signifikanten gestützte Unbewusste, durch nichts Festes, sondern nur durch ein ‚straucheln', überraschen, flimmern und stottern, sein eigentliches Sein, seine Ontologie – wie man besonders gescheit sagt – zeigt und vermittelt.[26] Er meint, dass es letzte Ursachen nicht gibt und das Unbewusste so eher durch das genannte Fehlen, durch eine Kluft, also nicht durch etwas Realistisches, aber auch nichts Unrealistisches, sondern durch ein Nicht-Realisiertes repräsentiert ist.[27] Jeder Einzelne in psychoanalytischer Therapie muss es selbst real werden lassen, indem man nicht gewaltsam sucht und forscht, sondern – wie Picasso sagte – findet (oder laut Pyrrhon entdeckt, erstaunt, erspürt). Das ‚Strau-

---

diese Widerhall-Erfahrungen nicht gemacht haben, später oft nicht träumen können und verschiedene psychische Probleme haben können.

[26] Lacan, J., Seminar XI, Die vier Grundbegriffe der Psychoanalyse, Walter (1978), S. 31-32

[27] Es geht ums Verdrängte, also das, was man aus Scham, Peinlichkeit, Angst, etc. weggeschoben aber auch nicht realistisch umgesetzt hat, was man verpasst und versäumt hat, was aber dringend realisiert werden sollte.

cheln' zeigt sich am besten im sogenannten Freud'schen Versprecher, in den ‚Fehlleistungen‘, die mehr Wahrheit enthüllen als alle bravourösen Taten. Ja, das Fehlen, der Mangel, die Kluft ist am wirksamsten, ist sozusagen der beste Vater, um sich und die Wahrheit zu finden.

Die also genauso gestalteten Kenntnisse des Erasmus von Rotterdam wurden von den ultraorthodoxen, aber auch von Luther und seinen Anhängern geschmäht, diskriminiert und im wahrsten Sinne verteufelt, so dass sich der arme Mann verkriechen musste, obwohl er der Einzige gewesen wäre, der – in Kooperation mit Melanchton – die damalige Kirchenspaltung auf dem Augsburger Reichstag im Jahr 1530 hätte verhindern können. Doch Luther durchkreuzte Melanchtons Verhandlungsgeschick, und so gab es von damals an zwei christliche Kirchen. Es wurde auch klar, dass Intellektualität allein wohl grundsätzlich gegen die etwas weniger intelligenten Macher, Forscher und Ergebnisse Erzwinger keine Chance hat. Deswegen versuche ich wissenschaftliches Aussagen durch die Praxis einer darin klar eingeschriebenen Meditations-Methode eine Möglichkeit zu besserem Begreifen und größerer Verbreitung zu geben.

Denn wir sind allem Möglichen hörig, nur nicht dem so wichtigen Erscheinungs- und Wort-Wirkendem in uns selbst, das eine besonders gute Möglichkeit bietet, aus dem Rauschen und Stottern die Wahrheit des eigenen Unbewussten heraus zu hören. Nicht jeder kann es so handhaben, wie es der Schriftsteller P. Handke gemacht hat. Von

Handke gibt es nämlich noch ein zutreffendes Beispiel für die wachtraumartigen Gespräche, die notwendig sind, wenn man ohne Meditation oder Psychoanalyse an das Unbewusste heran will. Es handelt sich um die ‚Kleine Fabel von der Esche in München', die solch ein Vorgehen gut beschreibt. Nicht umsonst geht es also um einen Baum, der zwar nicht einsam war wie bei C. D. Friedrich (über den ich noch schreiben werde), sondern in München relativ nahe an einer befahrenen Straße stand.[28]

Handke umrundete, umkreiste, umging diese Eiche, „langsam fortgesetzt", wie er schrieb, „ging ich um das Baummassiv herum . . so als umkreise ich draußen im Weltall einen fremdartigen Planeten". Im Betrachten und Umwandern der Esche fing er dann auch leicht an beim Anblick der die Rindenfurchen durchkrabbelnden Ameisen zu halluzinieren, geriet „in die dicht verflochtenen Mooszotten hinein, in die unzugänglichen japanischen Urwälder, wo mir auf einmal in einer heftigen Halluzination die in den Wipfeln schaukelnden Affenhorden die Ohren vollschnatterten". Zu diesem Zeitpunkt war Handke also bereits in seinem Gespräch mit sich selbst, das den Charakter des Rauschens und Stottern hatte, tief eingedrungen.

Doch es geht weiter. „Und wieder, ohne dass ich das extra herbeigedacht hatte, verwandelte sich dieses einfache, nichts bedeutende Bild, oder sprang eher um: Ich sah an

---

[28] Handke, P., Kleine Fabel der Esche von München, Wallstein (2022)

der Stelle der rautenförmigen Wurzelmuster die langobar-
dischen Knotenornamente, die in die frühchristlichen
Steinplatten von Cividale in Friaul gemeißelten zum Beispiel, welche ich in der Betrachtung dortselbst so oft
gleichsam nachgeknüpft, nachgeschlungen, nachgefädelt
hatte. Was vor den Ornamenten ein wohltätiges Geduld-
spiel gewesen war, erlebte ich freilich hier vor dem Dop-
pelbild, Rindenschründe als langobardische Knüpfrituale,
nicht mehr als Wohltat . . .‚"

Ich muss hier aufhören Handke weiter zu zitieren, denn er
wird immer skurriler und phantasmatischer, wenn auch im
dichterischen und poetischen Sinn vollgepackt mit Origi-
nalität und Einblicken in Handkes seelisch-geistiges Leben. Handkes Buch umfasst eigentlich nur zehn Seiten,
man kann es leicht lesen, aber ich denke, man weiß jetzt
auch so genug, wie weit, wie kreativ und illuster Handke
mit den Subeinheiten des literarisch flüsternden Wort-
Wirkenden und des halluzinativ sich aufdrängenden Erscheinungs-Wirkenden hier umgeht. Es ist zweifellos –
wie oben erwähnt – das ‚Stammeln einer Botschaft', die
Handke nicht anders als in dieser Weise herüber bringen
kann.

Ein durchaus ähnlicher und vergleichbarer Dichter ist sicher E. T. A. Hoffmann mit seinen Geschichten, selbst
wenn man nur an den ‚Sandmann' und die ‚Elixiere des
Teufels' denkt. Die Literaturwissenschaftlerin T. Lachenmaier hat die zahlreichen ‚Sonderfiguren' E. T. A. Hoffmanns, die Außenseiter, Doppelgänger und die vom

Wahnsinn Bedrohten als das stolpernde, rauschende, gespenstische Innerseelische der Menschen analysiert.[29] Sie zeigt auf, wie sich im frühen Kindesalter die Bilder dieser Figuren, speziell des Doppelgängers, als wesentliche und wichtige Bestandteile der Ich-Bildung erweisen, und dass man somit sagen kann, Handke hole in seiner oben zitierten Erzählung sein seelisches Werden nach. Die Signifikanten-Knäuel sind notwendig, um ein reifes Ich zu werden, psychologisches Coaching, allzu stramme Erziehung, Verhaltensratgeber helfen nicht weiter.

Eine ganz andere Form des Rauschens und Stammelns findet sich auch in den Veröffentlichungen des Literatur-Nobelpreisträgers J. Fosse, speziell in dem Buch ,,Morgen und Abend‘‘.[30] Darin gibt es eigentlich keine Handlung, es geht mehr oder weniger um ein Selbstgespräch eines alten Fischers, das um Geburt und Tod kreist. Der Rezensent H. Wallmann schreibt in seiner Rezensionsnotitz in der Frankfurter Rundschau (23.07.02), dass er in Fosses Erzählung statt einem Dichter eher einen Musiker sieht, der „den Raum zwischen Stummheit und Sprache" in einer Weise beherrscht, die den Leser in einen traumartigen Schwebezustand versetzt. Der Text ist also weder ganz stumm noch sprachlich vollends klar, erfüllt aber damit genau wieder das Wesentliche der um die Wahrheit ringenden Kommunikation, die kein Wissen braucht, ja nicht

---

[29] Lachenmaier, T., E. T. A. Hoffmanns Figuren: Imaginative Spielräume der Ich-Identität, Cuvillier Verlag (2007)
[30] Fosse, J. Morgen und Abend, A. Fest Verlag (2001)

einmal die Andeutung eines Geschehens, dafür aber die Erfahrung des völlig Relativen vom Anfang, Mitte und Ende des Lebens. Andere Rezensenten haben sich freilich darüber mokiert, dass das Lesen sich ständig nur wiederholender Bemerkungen ermüdet und abstößt.

Freilich kann man mit vielen anderen anstrengenden oder ebenso mühevollen Übungen das Gleiche erreichen. Ich erinnere an den Psychologen M. Csikszentmihalyi und die Erfindung der Flow-Erfahrung, die man bei allen möglichen besonders emotionalen Tätigkeiten haben kann, so auch beispielsweise nach einem Marathon Lauf. Es handelt sich ebenfalls um einen Zustand inneren Fließens, der eine Zeitlang anhält, dann aber ohne weitere Konsequenzen bleibt. Das ist bei der *Analytischen Psychokatharsis* anders, wie ich im Folgenden beschreiben will. Aber auch so kann ich bereits sagen, dass Meditieren einfacher ist, als jedes Mal einen Marathon Lauf hinzulegen oder andere Verfahren zu nutzen wie das von Handke oder Fosse.

Ich versuche in der *Analytischen Psychokatharsis* ein möglichst einfaches, leicht zu erlernendes und auszuübendes meditatives Verfahren zu vermitteln, in dem das Rauschen zwischen Stummheit und Sprache durch die ohne endgültigen, einheitlichen Sinn bleibenden Bedeutungen in formelhaften Worten erreicht wird. Die dort dabei sogar nur Phrasen enthaltenden Kurzsätze überschneiden, stolpern und überlappen sich nämlich, so als besäßen sie eine in sich ganz rätselhafte Sinnwirkung (und in gewisser Weise tun sie das auch). Es handelt sich nicht um eine musische

Dichtung wie bei J. Fosse, oder um ein Phantasma wie bei Handke, Hoffmann und den vorher zitierten J. Joyce, das auch dem Hin- und Her-Gerede der psychoanalytischen Gespräche gleicht, sondern eben um ein wissenschaftliches Vorgehen, das grundlegend wichtig ist und dennoch zum Erfolg des Stammeln und Rauschens führt.

Denn freilich befinden sich Fosse, Handke und auch die anderen Autoren nicht auf dem Boden der Wissenschaft, sie kümmern sich nicht um tiefenpsychologische Erkenntnisse und Lehren, was nicht stört, solange man damit zurande kommt. Bei den Übungen der *Analytischen Psychokatharsis* dagegen bleibt man auf dem Boden der Wissenschaft und kann vielleicht auch zutreffend sagen, warum man die Eiche so liebt und warum der Doppelgänger den Schnitt, den Nasio so betont, treffend wiedergibt. Oder warum Fosses Fischer im Endeffekt nur ein Raunen und Wabern um die Stadien des Lebens herum weitergeben kann, es sei denn man liest das Buch trotz Mühe bis zum Ende, um dieses leichte Schweben zu verspüren, das alles Leid und alle Dünkel relativiert und vergessen lässt. Gewiss ist dies nicht die beste Methode, um aus einem Text mit derartigem Inhalt Meditation zu erlernen. Fosses Text klingt eher nach einem Gebet.

Wie jedoch mit dem ‚Beten ohne Inhalt' angedeutet, kann eine Meditation nicht von vorgefasten, vorformulierten, zu verständlichen Formulierungen gestützt sein, denn so etwas würde das Stammeln und Rauschen nicht wiedergeben. Es enthielte eben zu viel Inhalt. Es muss aus eher leeren, ‚toten‘, *unverständlichen* Signifikanten, bestehen, aber wie kann man diese wissenschaftlich für ein Meditationsverfahren begründen? Ich werde die Begründung dafür in den Ausdrücken vorstellen, die ich *Formel-Worte* nenne, die also rein f o r m a l e Gebilde sind, und die somit – weil sie eben nur Buchstaben sind, die nichts sagen – nur ein Rauschen von sich geben können, umgekehrt sich jedoch aus einem Übermaß an Inhalten zusammensetzen, das so divergierend, so durcheinander gestolpert ist, dass es eben nichts mehr sagt. Meditieren mit Inhalt wäre nur noch gebetsartiges Nachplappern.

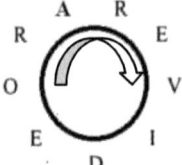

Ich stelle hier in der Abbildung oben nebenan schon einmal solch ein f o r m a l e s Gebilde, solch ein *Formel-Wort* dar, um zu zeigen dass darin zwar viele Bedeutungen stecken, diese sich jedoch gegenseitig auslöschen, da sie zu divergierend, zu gegensätzlich oder gar widersprüchlich sind, und so gerade wieder nichts definitiv bedeuten. Doch so vermitteln besser als alles andere das Rauschen, das das Unbewusste provoziert, wie beim Versprecher etwas Eigenes herauszugeben, etwas Wort-Wirkendes, Enthüllendes, ja von der Sprachwurzel her direkt Offenbarendes. Von verschiedenen Buchstaben dieser lateinischen Formulierung aus gelesen, ergeben sich diese jeweils verschiedenen, aber widersprechenden Bedeutungen, von denen ich zuerst einmal nur drei hier vorgezogen aufliste. Insgesamt

finden sich in diesem *Formel-Wort* bis zehn weitere Bedeutungen.[31]

Diese im Uhrzeigersinn zu lesenden und in der Meditation
mit den gedanklich zu wiederholenden *Formel-Worten*
(also mehreren) stellen die eine von zwei wesentlichen und
wichtigen Säule der *Analytischen Psychokatharsis* dar. Die
Hauptsache besteht dabei in der Umkehrung, Rückstufung
der Signifikanten bzw. des Symbolischen auf seinen
Grund-Automatismus, des Textes auf sein Rauschen, die
Buchstaben auf ihre Rhythmik. Ich muss an dieser Stelle
nochmals den Charakter, der in jedem Knoten, Knäuel der
Signifikanten besteht, betonen. Wie bereits im Eingangskapitel vermittelt, spielt in den Kräften, die das Treibende,
die Intention, die Triebkraft im Psychischen repräsentieren, neben den schon von Freud gezeigten Objekten des
Begehrens wie dem Oralen, dem Blick, der Stimme, etc.,
ein *unverständliches Objekt (Vorstellung)* eine ebenso
entscheidende Rolle.

Statt zu sagen, dass am Anfang ‚die Erde wüst und leer'
war, könnte man plausibler behaupten, dass es schon Erscheinungs-Wirkendes, Blickliches, Blickbegehren, imaginär Signifikantes, gegeben haben muss, das gleichzeitig
auch bereits ein ‚Es werde . .' beinhaltete, also verbal Sig-

---

[31] Von jeweils anderen Buchstaben aus gelesen:

A RE VIDEOR	Ich werde von etwas gesehen
DE ORARE VI	Vom Sprechen mit Überzeugungskraft
EO RARE VID(E)	Dorthin schau selten!

nifikantes, Wort-Wirkendes, Sprechbegehrendes. Interessant, dass im Alten Testament das Begehren zu sehen, wahrzunehmen, zuerst da ist, während im Neuen Testament in Joh. 1;1 die These ‚Am Anfang war das Wort' das Primäre ist. Aber warum sollen sie nicht beide ex nihilo, aus dem Nichts erstanden sein? Diese Frage habe ich ausführlich in meinem Buch ‚selbstschöpfung' behandelt. Darin ist klargelegt, dass beide sich gegenseitig bedingen, doch der Anstoß dazu kommt aus dem Inneren eines jeden selbst. Woher denn sonst?

Man kann die Frage letztlich nur selbst durch profunde Selbstanalyse oder eigene, wissenschaftlich begründete Meditation beantworten oder mit irgendetwas Ähnlichen, von innen heraus Wirkendem, klären. Es wird nie eine Wissenschaft von außen her geben, die befriedigender und beweiskräftiger wäre. Gott, der Urknall und andere Zuschreibungen sind ungenau, wenn sie von außen her bestimmt sind. Manche sagen dann, sie hätten den Gott im Inneren, aber dann kann er nicht mit äußeren, zum Beispiel konfessionellen Zuschreibungen versehen werden. Dann muss es um den Signifikanten Gott gehen, der leer ist, Mangel ist, ohne Definition. Den letzten Schritt im Leben, den Schritt zur wahren Selbsterkenntnis (erscheinungs-) und Selbstbestimmung (wort-wirkend) muss man selber tun.

Ich betone nochmals, dass mit dem Nach-Innen-Gehen in Form des leeren Signifikanten, des wort-wirkend Stammelnden, Rauschenden die erste Säule, Stütze der *Analyti-*

schen Psychokatharsis erfasst wird, der auch die erste Übung zugeordnet ist, die des gedanklichen Wiederholens von *Formel-Worten*, mit dem Ziel der Katharsis, der Befreiung, Beglückung, was dann bereits zur zweiten Säule des Verfahrens gehört. Diese zweite Säule des Verfahrens der *Analytischen Psychokatharsis* wird aus dem Erscheinungs-Wirkenden kommen und wird ebenso ein Mangel Gebilde, etwas dem Stammeln und Stolpern Gleichwertiges sein, das anstelle des Symbolischen, anstelle der verbalen Signifikanten, nunmehr mit dem Imaginären (imaginären Signifikanten) zu tun hat.

Es betrifft das, was also erscheint und doch nichts bestimmend zeigt, das zwar nicht rauscht, aber flimmert und oszilliert. Das heißt, dass es zwar luzide ist, leuchtend, aber dennoch kein Bild, kein Erkennungszeichen, keine Heraldik ist. Beide Säulen, das Erscheinungs- und Wort-Wirkende sind auf elementare Kombinationen zurückgeführt, von wo aus sie ihre eigentliche Wirkung entfalten können. Doch das – nochmals gesagt – muss jeder für sich selbst aus sich selbst heraus erarbeiten, da geht es wieder um den Schritt aus dem Inneren heraus, den einem niemand abnehmen kann. Diese Luzidität, die also in der ersten Übung zustande kommt, führt oft bereits von sich aus zum Ziel, das – analog zu den *Formel-Worten* – aus sogenannten *Pass-,* bzw. Identitäts-*Worten* besteht, die ich erst im Kapitel 7 genauer besprechen will.

Das letztliche Ziel des Verfahrens der *Analytischen Psychokatharsis* besteht also darin, ein kathartisches Gefühl, eine ataraktische Befreiung erfahren zu können, die wie bei den Patienten Freuds in der Hypnose zwar nicht mehr so sehr Erinnerungen wecken, die dann sprachlich gedeutet werden können, sondern gleich die Versprachlichung des Verdrängten, ja vielleicht sogar des sogenannten Ur-Verdrängten zum Ausdruck zu bringen. So werden Wort- und Erscheinungs-Wirkendes, Luzidität und Gestammeltes zusammen gebracht, womit auch ein dem Deuten in der psychoanalytischen Therapie oder aus den Träumen heraus vergleichbare Aussage zur eigenen Identität vermittelt wird.

4. Die Subeinheiten

Auch der Wissenschafts-Journalist M. Gladwell beschreibt hinsichtlich des üblichen, ständigen aneinander
Vorbei-Redens der Menschen etwas Ähnliches wie das
redundante Stammeln und Rauschen. Jeder verfügt – so
behauptet er – über einen eigenen, den Aussagen vo-
rauseilenden ‚Wahrheitsmodus‘, der nicht mit dem eines
anderen übereinstimmt.[32] Man nutzt akribisch nur den
Signifikanten-Cocktail wie ihn der Patient in der Psychoanalyse verwendet, wenn er nicht weiß, was er sagt
und doch das Richtige ausdrückt, indem er stammelt,
sich verspricht, lange schweigt oder – auf der Couch
liegend – mit den Armen Gesten formt. Gladwell beschreibt dieses aneinander Vorbeireden und doch
gleichzeitig intensive Kommunizieren unter anderem an
Beispielen von Doppelspionen, die in sich selbst zwei
unterschiedliche Akteure in nochmals unterschiedlicher
Weise gegeneinander antreten lassen müssen.

Als Spion muss man sich mit vollem Einsatz in einen
redlichen Allgemeinbürger und in einen Akteur des
Feindes, des Auszuspionierenden, versetzen, aber als
spionierender Doppelagent überlagert man diese in sich
errichtete Spaltung um eine zweite in Gegenrichtung,
eine eigentlich unmögliche Tätigkeit. Und doch – so

---

[32] Gladwell, M., Die Kunst nicht aneinander vorbeizureden,
Rowohlt (2019)

Gladwell – kommunizieren die Menschen im alltäglichen Dasein in genau solcher Weise miteinander. Man
weiß eben oft nicht, was man sagt, aber auch oft nicht,
was man tut und zudem noch, wer man ist. Der Doppel-
spion muss nicht nur bei sich selber genau wissen, zu
welcher Seite er jetzt hauptsächlich gehört, es muss dies
auch seinen Kontrolleuren, die ihn von Zeit zu Zeit tes-
ten, vermitteln. Da darf kein ‚Wahrheitsmodus' mehr
gelten, da darf auch kein Rauschen und Stolpern mehr
zu hören sein. Ein äußerst unangenehmer Beruf.

Warum ist nun das *Formel-Wort* der bessere Wahrheitsmodus, die noch idealere Formulierung hinsichtlich
der Redundanz, ja der kompakteste, der am wenigsten
nur verständlich *Andere* im Unbewussten? Gerade der
Verweis auf den *Anderen* zeigt es, denn Nasio konnte
nicht mehr tun als ihn, als **A**, mit dem *unverständlichen*
Signifikanten zu verbinden, der der klassischen Psychoanalyse so nicht mehr zur Verfügung steht. Denn er ist
nicht an die zonalen (an den erogenen Zonen haftenden)
Triebe gebunden, die man erfassen und mit denen man
in der Therapie eine Deutung erstellen kann (oraler,
analer, phallischer, blicklicher und stimmlicher Teil-
trieb, bzw. Objekt **a**). Nasio verbleibt in dem Dialog mit
dem *Anderen*, aber er sagt nicht, was letzten Endes dabei herauskommt.

Eine Deutung in dieser auch in einer jenseits des Ödi-
puskomplexes (Prä- oder postödipal) verorteten Psycho-

analyse kann nur aus dem Bereich kommen, den Lacan den symbolischen Automatismus nannte, also von dem originär am Sprachstrunk – wie er es auch bezeichnete – am Wort-Wirkenden und vom Entstehungsmoment der Signifikanten her sich Ereignende.[33] Lacan führt es auf eine Grund-Kombinatorik von Plus- und Minus-Zeichen zurück, die so ähnlich wie die Zahlen in der Informationstheorie hinsichtlich Resonanz und Redundanz aufgestellt waren. Und dass die *Formel-Worte* redundant sind, daran ist kein Zweifel. Sie sind so redundant, dass man wirklich nur ein Rauschen hört, das jedoch das Besondere aufweist, voll von sprachlichen Bedeutungen zu sein. Von Bedeutungen, die zusammen keinen Sinn ergeben, aber provokativ sind.

Solch ein Instrument zum Aufknacken des Unbewussten hat bisher noch niemand beschrieben. Erasmus von Rotterdam und selbst Freud konnten es noch nicht in Betracht ziehen, ihnen fehlte noch die Theorie der Signifikanten, die ja dieses Unverständlichkeits-Merkmal durch ihre Knäuelstruktur an sich haben, wie Lacan und Nasio sie erörtern. Was aber immer noch fehlte, war die weiter kompaktifizierte Sprache, die Praxis, die unmittelbare Handhabung dieses zentralen Elements, wie es

---

[33] Der Sprachstrunk könnte als weiterer Ausdruck für das gerade oben erwähnte Ur-Verdrängte gelten, in dem eben Wort- und Erscheinungs-Wirkendes als Stammelndes und Luzides vereint sind.

das I D E O R A R E V oder das E V I D E O R A R E darstellen. Diese Praxis, die ich auch noch einmal im Anhang zusammenfasse, kann jeder Einzelne für sich allein anwenden und ausüben.[34] Er benötigt keinen Therapeuten mehr dafür, auch wenn die angedeuteten und noch ausführlich zu schildernden *Pass-Worte* manchmal einen Mit-Interpreten gebrauchen können.

So waren ja auch für Erasmus von Rotterdam äußerst profunde Latein- und Griechisch Kenntnisse erforderlich, um die Bibel völlig neu und anders zu übersetzen, als es bis zu diesem Zeitpunkt getan wurde. Und die unwillkürlichen Selbstgespräche bei Pyrrhon bekamen erst bei anderen Philosophen und vor allem beim Schriftsteller Handke eine zutreffende Würdigung. Genauso kann man den Lacanschen symbolischen Automatismus erst bei Ezra Pound und James Joyce und ähnlich schreibenden Autoren bestens verstehen. Wissenschaftlich gut begründet und auch therapeutisch praktisch anwendbar wird der symbolische Automatismus aber erst bei den *Formel-* und *Pass-Worten* der *Analytischen Psychokatharsis.*

---

[34] Ich benutze hier zwei Schreibweisen, von deren Anfangsbuchstaben sich kein *Formel-Wort* ableiten lässt. Nicht von jedem Buchstaben aus muss dies möglich sein, es genügen drei oder vier, denn eine Disparität, eine Unterschiedlichkeit, die so groß ist, dass kein Sinn mehr zustande kommt, gelingt eben bereits bei ein paar wenigen.

Ich erwähne hier noch kurz den ebenso zutreffenden Mechanismus, den der Neuro- und Kognitionswissenschaftler D. Hofstadter, der durch sein Buch ‚Gödel, Escher, Bach' bekannt wurde, veröffentlichte. Hofstadter hat versucht, die eine Seite der Kognition, nämlich die des Sprachlichen, des Wort-Wirkenden, in Form einer Dynamik des Lautbildhaften als eine sogenannte Sub-Einheit des Kognitiven heraus zu stellen.[35] Dies geschieht bei Hofstadter in einem lockeren Schütteln, in einem fließendem Verrutschen von Subeinheiten, von Mustern oder auch Worten oder deren intensiv miteinander verbundenen Teilen dar, die dadurch ‚versöhnt' würden. Sie würden seiner Ansicht nach im Unbewussten so lange geschüttelt, bis sie ebenfalls in den Zustand der Redundanz, des ‚weißen Rauschen' geraten, von wo aus sie erst die wahre Kognition ermöglichen. Er macht Schütteln am Computer nach, z. B. mit dem Buchstaben Bild NEUGIER, das – ob im nervlichen System, im Unbewussten oder im Computer geschüttelt, ist also egal – plötzlich anagrammatisch zu UR-EIGEN, UREIGEN, ja zu UR-NEIGE und UN-REGIE werden kann.

Rein sachlich scheint dies originell und richtig, es handelt sich um Anagramme, um buchstabenvertauschte Bedeutungen. Beides ist wichtig, die Vertauschung,

---

[35] Hofstadter, D., Metamagicum, Klett-Cotta (1994), und „Ich bin eine seltsame Schleife", Klett-Cotta (2007)

aber auch alte und neue Bedeutung und dies speziell dann, wenn ein besonderer Sinn dahintersteht. Ein solcher gelang schon dem Dichter Lykophron aus Chalkis, ca. 300 Jahre v. Chr. mit einem Anagramm für den König Ptolemäus II. von Alexandria in Form einer schmeichelhaften Avance. Er verwandelte die Buchstabenfolge des Königs Πτολεμαῖος (Ptolemaios) in ἀπὸ μέλιτος (apo melitos, aus Honig), was diesen sehr ergötzte. Den Anagrammen ähnliche Vorgänge finden sich ja auch in den Freudschen Versprechern, in denen oft nur ein paar Buchstaben ausgetauscht sind, weil – so könnte man durchaus sagen – die im Unbewussten verdrängten Bedeutungen so lange oder so intensiv mit bewusst Gesprochenem geschüttelt wurden, dass genau diejenigen Buchstaben durchrutschten, die das Verdrängte preisgaben.

Trotzdem ist Hofstadters Modell des Unbewussten und dessen Auflockerung zur Preisgabe von Inhalten problematisch. Wie soll das real vor sich gehen? Alle Vergleiche, die ich gebracht habe, um zu der redundanten Form der Sprache und des Sprechens zu kommen, haben mit literarischen Vorbildern und Literaturverwendungen zu tun gehabt, es ging um Sätze, Silben und Signifikanten, um Vorstellungen, Wissen und Wahrheit, die sich alle nicht so gut schütteln lassen wie Bits und Bytes im Computer oder Gedanken im ganz übertragenen Sinne. Sollte Hofstadter energetische Zustände im Gehirn meinen, ist das etwas anderes, doch dann stellt sich die Frage, wie diese mit psychischen Vorkommen wie etwa den Trieben in Zusammenhang stehen.

Freilich kann es einmal sein, dass jemand UR-EIGEN sagen will mit Betonung auf dem EI, und spricht es als UREI GEN aus, also mit leichter Betonung auf dem GEN, wohinter sich ein heikles Symbol verbergen könnte, von dem der Sprecher eigentlich nichts preisgeben wollte – und es auch nicht sagt, aber man könnte es erraten. Es wäre ein klassischer Versprecher. Es würde nicht das UREI, das früheste Ei des allgemeinen Lebens sein, noch das strikte biologische GEN, sondern im Sinne der Freud'schen Theorie das nach sexuellen Charakteristiken wirkende Begehren, die unbewusste lustvolle Strebung, die aus Quelle, umkreistes Objekt und Ziel in Form von Entladung, Lösung, Befriedigung besteht.

So würde mit großer Wahrscheinlichkeit für Freud das UREI die Mutter repräsentieren, die erwähnte ganz frühe Mutter, an der man zu lange oder zu intim hängen geblieben ist, und die somit für die ödipale Mutter steht. Für die nämlich, die einer meiner Patienten neben der guten, hegenden, wärmenden Mutter als eine zweite Mutter bezeichnete, nämlich die ,interessante Mutter', was also wieder heißt: d i e Frau. Als d i e Frau darf die Mutter für den Jungen nicht interessant werden, dafür muss der Vater sorgen, und das tut er im gelungenen, gereiften Ödipuskomplex, in dem das Ziel eine Frau ist, eine andere als die Mutter oder d i e Frau, sondern eine eben, eine bestimmte, eine monogame.

Und im GEN würde Freud dann auf diesen dazugehörigen Vater tippen, wobei es hier also weniger um dessen Spermatozoen, als eben um dessen Begehren geht, das heißt um dessen bei der Mutter deponiertem Sexualem, das nicht allen Arten des Sexuellen offen steht, und das also wieder so in etwa dem Freudschen Begriff des Vaters der Vorzeit, den Lacan – um seine Bedeutung im Symbolischen heraus zu stellen – als ‚Namen des Vaters‘ deklarierte, und den man letztendlich auch den *unverständlichen* Vater nennen könnte.

Im Wort-Wirkenden steckt selbst ein Korrektiv, wenn man es zurückführt auf den symbolischen Automatismus, an Hand dessen Lacan nachwies, dass die Sprache, selbst wenn sie mit ENER-IGU oder URE-GIEN beginnt, im Unbewussten ihre Grammatik, Syntaktik und Semantik selbst entwickelt. Allerdings benötigt sie dazu mindestens eine Nuance des mehr dem Semiotischen zugeneigten Erscheinungs-Wirkenden. Auch semiotisch könnte man nämlich einiges heraushören, aber Hofstadter traut sich an die *unverständlichen Vorstellungen*, an die GIE-RUNE (Geraune?), an das UNI-REGE (das Eine, das sich regt) nicht heran. Er traut sich nicht heran, weil er nicht weiß, was man damit anfangen soll. Man kann keine wissenschaftlich begründete Meditation damit aufbauen, würde ich sagen.

Pyrrhon ist es gelungen, die beiden Subeinheiten in seiner für heute nicht mehr ganz nachzuempfindenden Weise zusammen zu bringen und sie unter dem höheren Begriff der ‚Isosthenia', der Gleichwertigkeit zu vereinen. Ihm war ja alles egal, doch das allein kann für heute keine Lösung mehr sein. Wie hat er das geschafft, dass er nicht als Dozent, als Professor, als Universitätsgelehrter zu seinen Leuten herüber kam, sondern als Eigenbrötler, als seltsamer Kumpan, aber doch auch als Menschheitslehrer? Und dass er von der Verbreitung seiner Philosophie sogar gut leben konnte und angesehen war. Man weiß nicht, wie er als Vater war. Sicher war er liebevoll und gut, aber für seine Kinder wohl auch ein *unverständlicher* Vater.

Auch die KI nutzt ähnliche Mechanismen, indem sie gleiche Wortfolgen, gleiche Bedeutungs-Ausdrücke semantisch und rein lexikalisch zusammensetzt, zusammenschüttelt, zusammenmixt. Ähnlichkeiten und statistische Wahrscheinlichkeiten sind die Hauptformen der künstlich intelligenten Verarbeitung. Das könnte man wieder als zwei Subeinheiten des großen Ganzen, des Unbewussten samt seinem *Anderen* nehmen, doch wie macht man daraus Übungen für die psychische Praxis, für die Wissenschaft v o m Subjekt oder gar für die Therapie? Wie kann man die künstliche mit der allgemeinen Intelligenz zweckmäßig, gelungen, psychologisch oder gar meditativ verbinden?

Aus dem Buch der Informatikerin M. Lenzen über die künstliche Intelligenz lässt sich allgemeinverständlich entnehmen, dass, „wenn man verstehen möchte, was Intelligenz grundlegend ausmacht, es sich lohnt, ganz am Anfang mit einem System zu beginnen, das erst einmal gar nichts kann".[36] Das gefällt mir, damit liegt Frau Lenzen auf der Ebene des Betonen der Leere, des absoluten Mangels, auf der Ebene der ‚Eins minus', -1, die für Lacan wohl den gleichen Anfang vermittelt, nämlich nichts können, nichts festlegen, nichts sein. Doch Freu Lenzen schreibt weiter, dass die, die nichts können „nicht die Schimpansen, nicht die hirnlosen Quallen, nicht einmal die Einzeller sind, sondern die Maschinen. Ihnen fehlt all das, was wir bei Lebewesen ungefragt voraussetzen", nämlich „so etwas schwer Greifbares wie Flexibilität, Kreativität und [im Fall des homo sapiens] der gesunde Menschenverstand; eine Situation zu verstehen und angemessen zu reagieren".

Beim Vergleich mit den Maschinen, schreibt Lenzen, darf man nicht „die Errungenschaften der Evolutionsge-schichte, die Erfahrungen der Kindheit, unsere Körper, die Umgebung, in der wir unterwegs sind, und unsere Sozialkontakte umstandslos beiseiteschieben . . Die künstlichen Systeme müssen ja erst gebaut werden. Sie generieren sich nicht ‚von selbst' wie wir und die Tiere.

---

[36] Lenzen, M. Der elektronische Spiegel, Menschliches Denken und künstliche Intelligenz, C. H. Beck (2023) S. 12

. . Damit werden sie zu elektronischen Spiegeln . . . die unsere Vorstellungen von Intelligenz wiedergeben . . Nichts entlarvt falsche oder unklare Annahmen über kognitive Fähigkeiten besser als ein desorientierter Roboter oder die schrägen Antworten eines Chatbots. . .Wenn wir wüssten, wie Menschen es schaffen, klug zu sein, hätten wir längst Roboterbutler. Autonome Autos . . Oder, auch das ist ein denkbares Ergebnis, wir wüssten, warum das Projekt ‚Künstliche Intelligenz' nicht gelingen kann".

Ganz anders argumentieren die Autorinnen M. Meckel und L. Steinacker, die ein hervorragendes Buch zur KI veröffentlicht haben. Alle auch noch so divergierende Facetten in positiver Hinsicht, aber auch alle mögliche Kritik an diesem neuen Weltereignis werden fundiert erörtert. Doch bevor ich Einzelheiten schildere, möchte ich gleich sagen, dass das Buch einen grundlegenden Mangel aufweist: die Autorinnen kennen kein Unbewusstes, sie erwähnen weder Freud noch irgendeinen anderen Psychoanalytiker, freilich schon gar nicht Lacan (was gut zu verstehen ist), aber auch sonst keinen Autor, der auf die Psychoanalyse oder das Unbewusste ein bisschen Bezug nimmt. Das wird am deutlichsten in der Diskussion über das Bewusstsein sichtbar.[37] Für die Autorinnen existiert so etwas wie ein Persönlichkeits-

---

[37] Meckel, M., Steinacker, L., Alles überall auf einmal, Rowohlt Verlag (2024)

Bewusstsein, während für die Psychoanalyse das Bewusstsein nur eine blinde Spiegelung ist, die auch in
Pflanzen und Tieren besteht.

Gleich zu Anfang heißt es ganz plausibel, dass es egal
ist, ob die KI den Sinn erfasst, den sie von sich gibt, der
Mensch kann stets versuchen, etwas damit anzufangen.
Denn „es gehört zu unserer durch Sprache und allgemein verständliche Zeichen geschaffenen Welt", dass
man irgendwie darauf reagieren kann. Schon dazu eine
kleine Anmerkung: nach Ansicht der Psychoanalyse ist
die Sprache nicht dazu da, verständliche Zeichen auszu-
tauschen und darauf zu reagieren, sondern etwas zu
enthüllen, etwas offen zu legen und zu offenbaren, was
das einzelne Subjekt verborgen in sich trägt, und was es
davon spontan assoziiert. Was die Menschen so alles
von sich geben, ist in den meisten Fällen nur ein psychischer Abwehrmechanismus, ein aneinander vorbei reden, um nicht zu sagen ein häufiges Lügen, um nichts
Intimes preisgeben zu müssen.

Interessant beschreiben die Autorinnen wie die KI (insbesondere die LLM) grundsätzlich aufgebaut ist, nämlich durch Ähnlichkeiten und Wahrscheinlichkeits-
Statistiken, in denen beispielsweise auch bezeichnende
Analogien eine Rolle spielen. So wird ein Beispiel mit
der Frage an die KI zitiert. „Mann verhält sich zu Com-
puterprogrammierer wie Frau zu X – Antwort der KI:
Hausfrau". Das ist freilich ein negatives, diskriminie-

rendes Beispiel, und auch eine – laut dem Informatiker D. Hofstadter – zu wenig naive (und damit beweiskräftige) Analogie. In einer Art semantischer Zugehörigkeit wurde in dem Programm word2vec auch ‚ich' und ‚du' als eng verwandt und nah zugehörig bezeichnet und so analogisch verwendet. Aber schon vor der Pubertät an weiß doch jeder, dass ‚ich' und ‚du' entsetzlich weit auseinander liegen, ja gerade durch zu viel psychische Spiegelung sogar feindlich sein können.

Was sind das für Leute, die solche Programme entwerfen und wohl nie eine tiefenpsychologische Schulung oder gar eine Psychoanalyse als Voraussetzung für ihre Arbeit absolviert haben? Kein Wunder, dass sie manchmal von ihrer eigenen KI überholt werden, wie es ja gerade in letzter Zeit (Ende 2023) der Fall war, als ausgerechnet diejenigen, die selbst an der Entwicklung der KI beteiligt waren wie B. Geoffrey Hinton, davor warnten, dass die künstliche Intelligenz dem Menschen schwer schaden könnte. „Das Risiko einer Auslöschung durch KI zu entschärfen, sollte eine weltweite Priorität sein, neben anderen Risiken gesellschaftlichen Ausmaßes wie etwa Pandemien und einem Atomkrieg", äußerte er zusammen mit dem Entwickler der Sprach-KI ChatGPT Sam Altman. Bereits Ende März hatten mehr als 1000 Tech-Experten, einflussreiche Wissenschaftler und andere Persönlichkeiten, eine sechsmonatige Pause bei der Entwicklung von KI gefordert, um die Gefahren besser einschätzen zu können.

Schnee von gestern – wenn auch nur gerade ein halbes Jahr her – sagen Meckel und Steinacker und zeigen, wie mit treffenden Analogien und Wortstellungen, die hohe Wahrscheinlichkeit haben, Sätze gebildet werden können, die aus dem ungeheuer großen Datenschatz im Internet und von anderswo her stammen und erstaunlich gute Ergebnisse hinsichtlich der allgemeinen Kommunikation ergeben. Aber eben nur der allgemeinen. Zwar wird Wert auf Logik gelegt und das bekannte Beispiel zur Sprache gebracht, dass alle Menschen sterblich sind, Sokrates ein Mensch sei und eben deswegen genauso sterblich. Doch dieser logische Spruch wird oft auch im umgekehrten Sinne verwendet:

Sokrates lebt nämlich, mehr und mehr wird von ihm geredet, wird er in immer mehr Büchern zitiert, in Vorträgen dargestellt und als Schöpfer der idealistischen Philosophie zunehmend gewürdigt. Jedermann wiederholt seinen Spruch „ich weiß, dass ich nichts weiß" und jeder lächelt über seine Frau Xanthippe, die als Inbegriff des mäkeligen und unguten Eheweibs gilt. Dabei ist es doch die KI selbst, die davon profitiert, lebendig zu sein, wenn sie beispielsweise den Therapeuten spielen soll. Dies war jedenfalls bereits in den sechziger Jahren des letzten Jahrhunderts der Fall, als der Informatiker J. Weizenbaum ‚Eliza‘, das von ihm entwickelte Computerprogramm, mit dem man sprechen konnte, zur Psychotherapie anbot.

Obwohl das genannte Programm im Vergleich zu heute äußerst simpel war, schwärmten etliche Benutzer von ihm wegen seiner gelungenen therapeutischen Wirksamkeit, die jedoch lediglich darin bestand, dass man ‚Eliza' alles sagen konnte, auch den größten Blödsinn, aber auch die schlimmsten Peinlichkeiten. Die Antworten des Programms waren spärlich, gaben Zuspruch oder wiederholten scheinbar empathisch die Klagen der Patienten. Einem Menschen gegenüber ist man wohl von vornherein zurückhaltender, den Nutzern von ‚Eliza' gefiel aber die Anonymität, auch wenn überhaupt keine ehrliche Kommunikation zustande kam. Letztendlich führte der Patient nur die Widerstände des ‚Rationalisierens' ins Feld, indem er über irgendetwas weit schwafelnd herumredete, was aber niemals deutend interpretiert wurde, dennoch erschien den Patienten ‚Eliza' menschlich und lebendig.

Noch krasser fiel hinsichtlich der therapeutischen Erfahrung die Bewertung des lebendigen Einfühlungsvermögens in einer amerikanischen Studie von 2023 auf, die die Autorinnen schildern.[38] „Darin bewerteten fast 80 Prozent der knapp 200 randomisiert ausgewählten Patienten ChatGPT im Patientengespräch besser als die Mediziner. . . Auch Empathie scheint auf Basis von umfassenden Daten erlernbar zu sein. Der Bot ist sogar

---

[38] Ayers, J. W., Comparing Physician and Artificial Intelligence, JAMA Internal Medicine, 183 (2023) S. 589-596

empathischer als der Mensch. Und auch wenn es sich nur um eine Simulation handelt, geht es dem Patienten, der Zuwendung braucht, damit womöglich besser als mit einer schlecht gelaunten Ärztin, die kaum Zeit hat".[39] Allerdings wird auch mit diesen Bemerkungen sichtbar, dass die Autorinnen von Psychotherapie keine Ahnung haben, in der nämlich nicht große Empathie gefragt ist, sondern eher Versagung gegenüber den unbewussten Ansprüchen des Patienten in einem freundlich zugewandten Gespräch. Nur dem zurückhaltenden Gegenüber, dem man Wissen unterstellt, kann man nicht alles für sich behalten und platzt mit Wahrheiten heraus. Das kann freilich die KI nicht leisten, auch weil sie vom Unbewussten nichts versteht.

Das Unbewusste hat Wirkung in allen Bereichen, was man vor allem an den Freudschen Versprechern sehen kann. aber das konnten die beiden Autorinnen vielleicht gar nicht einschätzen, denn dann würde ja das ganze Konzept der KI in Frage gestellt, weil es nur einen Mix aus bewussten, gedanklich konzipierten Worten und Sätzen herstellt. Die KI kann nicht jeden Einzelnen einladen, damit er sich in einer Weise enthüllt, die zu seiner subjektbezogenen Identität, Wahrheit und Wirklichkeit führt. Hat Jesus sich nicht enthüllt, als er sagte „ehe

---

[39] Meckel, M., Steinacker, L., Alles überall auf einmal, Rowohlt Verlag (2024) S. 279

Abraham war bin ich"? Zwar steckt darin ein deutliches Maß an Narzissmus, aber er konnte das mit anderen Aussagen einigermaßen ausgleichen. Die KI Programmierer sind reine Narzissten, und sie gleichen es durch nichts aus, zumindest nicht auf der Ebene, in der die Sprache ihre Wurzeln hat, nämlich in den Signifikanten.

In meinem Buch ‚Der leere Geist und die künstliche Intelligenz' habe ich beschrieben, was die LLM (Lange Language Method) ChatGPT auf die Frage, was ein gemeinsamer Nenner von Verfahren wie die Meditation und die KI als geistige Beschäftigungen sein könnte, antwortete: *Der leere Geist!* Also wie? Bei der Meditation kann man sich noch vorstellten, was der leere Geist sein soll, nämlich ein ständiges Wegschieben der Gedanken, bis einem kaum noch etwas einfällt, aber bei der KI? *Sie denkt nicht im menschlichen Sinne* – sagt sie, aber sie *verwendet gelernte Muster und verarbeitet Daten, es bestehe kein echtes Verständnis, nur maschinelles.*[40] Und der leere Geist kommt bei ihr eben nur durch das Ausfiltern der ungeheuren Datenmengen nach zahlreichen, künstlichen Richtlinien zustande.

Schließlich entspricht das genau dem Aufbau der Welt und der Menschen seit jeher: früher hat man den Teufel ins System eingebaut, die Naturwissenschaftler die Entropie, die Psychoanalytiker die Grundregel und die KI-

---

[40] Anfrage bei ChatGPT3.5 zu entsprechenden Begriffen.

Forscher die „richtigen Verzerrungen (graceful degradation, d. h. würdevolle Verschlechterungen)". Aber gut, ich muss zugeben, auf Verzerrungen legte ich ja gerade beim Stammeln, beim redundanten Stottern und beim Rauschen großes Gewicht, aber sie waren alle nicht künstlich hinzugefügt. Im Eigentlichen bestanden sie ja gerade in dem ihnen immanenten Knäuel der Signifikanten, im eigenen Elementaren, wenn dieses auch bis zu den *unverständlichen Vorstellungen* ging, die so uneigentlich aussehen.

„Nicht größtmögliche Objektivität und Weite bilden die Grundlage von Intelligenz, sondern die richtigen Beschränkungen, Einseitigkeiten und Verzerrungen", schreibt Lenzen. Dazu gehören auch die makabren Versuche, die Intelligenz von Kindern als „kreative und motivierte Form von Hackern" für die KI nach zu modellieren, „Hacker nicht verstanden als mehr oder weniger kriminellen Eindringling, . . sondern als jemand, der eine besonders kreative und motivierte Form des Programmierens ausübt".[41] Kurz: die nervigen Kinder, die wir alle kennen, sind Vorbild dafür, die generative KI zu konstruieren. Die KI-Programmierer, die Hersteller dieser Informations-Technik, schrecken vor nichts mehr zurück. Dabei spiegeln sie ja nur ihren eigenen, unausgegorenen Charakter in ihrem Werk wieder.

---

[41] Lenzen, M., Der elektronische Spiegel, C. H. Beck (2023) S. 193

5. Die Vater-Metapher und die Analytische Psychokatharsis

Ich denke, man muss den Begriff des *unverständlichen* Vaters noch besser erklären, die KI kann ihn absolut nicht ersetzen. Sie kann nur Verständliches liefern und kann nicht das aus dem Sprachstrunk zur Enthüllung zu Bringende ausdrücken. Schließlich ist es ja wichtig, wen ich als den Vater der *Analytischen Psychokatharsis* bezeichnen kann, der nicht ich bin, sondern natürlich der *Andere* in mir. Bei Freud wurde das Prinzip des Vaters vom toten Vater abgeleitet, und man muss eingestehen, dass ihm der *Andere* ein bisschen ähnelt, weil er vielleicht nicht ganz tot, aber doch sehr entrückt, sublimiert, ja eben unbewusst ist. Für Freud war der Vater als Alpha-Mann von der Urhorde der Nachkommen, der Söhne, umgebracht worden, weil diese aus Neid seine Frauen besitzen und seine Position an sich reißen wollten.

Doch als es danach gesellschaftlich nicht besser funktionierte als vorher, bereuten die Söhne ihre Tat und erhoben den Vater zu einem Gott. Der Vater ist somit aus Schuldgefühlen als toter und jenseitiger Vater verehrt worden, was als Religion Jahrtausende Bestand hatte. Auch in der Ödipus-Sage wurde der Vater ermordet, auch hier war Eifersucht der Grund, der Held wollte die schöne Frau und Königin haben, hatte aber nicht bemerkt, dass man dabei – genauso im Sinne einer Umkehr wie bei der Urhorde – auch die ‚Sündenlast' des

Vaters auf sich lud. Dieser weniger dem unbewussten Schuldgefühl als einem unbewussten Schamgefühl zuzuordnenden Vaterbezug ist den meisten Menschen nicht so bekannt. Aber die Söhne von ruchlosen Nazivätern haben diese Scham auf sich lasten gespürt, denn schuldig waren sie selbst ja nicht, aber die Nähe zu dieser Täterfigur und zur allgemeinen Verantwortlichkeit haben sie nicht so einfach abschütteln können. Die Umkehr der Schuld in Scham ist ein generelles Phänomen der Söhne in der sogenannten patriarchalen Gesellschaft.

Dieses Umkreisen des Vaters, die uferlose Vatermetapher nicht immer nur durch Mythen darzustellen, sondern durch das zu ersetzen, was er schließlich die ‚logische Praxis' hieß, war Lacans Versuch der Bewältigung dieser Metapher und auch eine Umkehr gegenüber Freud. Der Psychoanalytiker sollte durch die Praxis seiner Gesprächsmethode den Patienten zur Einsicht bringen, dass der Vater grundsätzlich selbst zum Symbol des phallischen Begehrens und Genießens werden kann, von dem er selbst aber nichts erzählt und es nur versteckt in sich verwahrt. Auch dass er mitsamt dieser seiner Sündenlast gesehen und so irgendwie akzeptiert werden muss, ist Inhalt in der Psychoanalyse.

Sein Tod muss nicht gerächt werden wie bei Shakespeares Hamlet, dessen Vater ‚in der Blüte seiner Sünden' ermordet wurde, wo also ebenfalls sichtbar wurde, dass der Sohn die Schuldfrage lösen sollte, nämlich dass der Mörder, Claudius, der Bruder von Hamlets Vater, zur Rechenschaft gezogen werden müsste, es aber in einen Schamkomplex verwandelte, in Rache. Rache wird stets aus Scham vollzogen, um das negative Bild eines Untätigen, bloß die Gerichte Anrufenden, von sich zu waschen. Man müsste auch nicht wie Ödipus, nachdem sein inzestuöser Plot aufflog, sich die Augen ausstechen und ins Exil gehen. Die Lasterhaftigkeit ist ubiquitär und unbewusst, dafür muss man den Vater nicht total entwerten und die Menschheit zur ‚vaterlosen Gesellschaft' herunter geraten lassen, wie es der Psychoanalytiker A. Mitscherlich beschrieb.[42] Doch mit welcher Logik genau sollte die Vaterproblematik zu lösen sein? Mit der der *Unverständlichkeit*?

In dem berühmten Traum eines Vaters, den Freud analysierte, geht es um diesen Komplex einer *Unverständlichkeit*, der auf dem Vater lastet.[43] Das Kind dieses Vaters war früh verstorben, es war im Nebenzimmer aufgebahrt, ein paar Kerzen brannten und man hat noch einen Wächter in dieses Zimmer dazu gesetzt, denn der Vater wollte eine Zeit lang schlafen. Doch plötzlich

---

[42] Mitscherlich, A., Auf dem Weg zur vaterlosen Gesellschaft, Beltz (2003)

[43] Auch die Mutter kommt nicht so gut weg, sie verharrt in der ewigen Überlebenskraft des Nachwuchses, muss sich aber nicht mit einer perversen Sündenlast umstellt sehen.

wacht er von einem Traum erschrocken auf, in dem das Kind neben ihm steht und ruft: ,Vater siehst du den nicht, dass ich verbrenne'! Der Vater springt auf, denn tatsächlich leuchtet Feuer-Flackern aus dem Nebenraum, wo der Wächter selbst ebenfalls eingeschlafen ist. Eine der Kerzen war umgefallen und hatte bereits das Bettzeug, auf dem das tote Kind lag, erfasst.

Es ist ein Traum der mehr als den Tod widerspiegelt, ein „Satz, der selbst die Fackel ist, die Feuer an alles legt. . . In dieser Mitteilung ist mehr Realität als in dem Geräusch", schreibt Lacan, „das sich im Nebenzimmer abspielt".[44] Denn natürlich steckt in diesem Traumsatz der quälende Schuldspruch als Vater versagt und den frühen Tod des Kindes nicht aufgehalten zu haben, zusätzlich zu der Angst im Voraus, dass der Wächter vielleicht unfähig sei. Aber Lacan spinnt um diese Geschichte herum das Wesen des für die Psychoanalyse so zentralen ,Wiederholungsgeschehens', das den Widerstand gegen die Aufdeckung unbewusster Triebregungen besonders deutlich darstellt. Indem es daran mahnt, die verpassten Gelegenheiten der zwischenmenschlichen Beziehungen, hier besonders der Vater/Sohn-Beziehung im Wiederholungszwang – wie Freud ihn auch nennt – verstreichen gelassen zu haben, explodiert das Gemisch des Erscheinungs- und Wort-Wirkenden

---

[44] Lacan, J., Seminar XI, Die vier Grundbegriffe der Psychoanalyse, Walter Verlag (1980) S. 65

auf dem innersten Niveau ihrer Verbindung, die einfach nur *unverständlich* ist.

„Weshalb nun," frägt Lacan, „wird die Theorie, der zufolge der Traum Bild eines Begehrens ist, ausgerechnet an einem Beispiel erhärtet, bei dem die Wirklichkeit in einer Art flammenden Widerschein und wie durchgepaust den Schläfer aus dem Schlaf reißt? Weshalb, wenn nicht aus dem einzigen Grund, dass es um das Geheimnis der Welt des Jenseits geht und um irgendeine Heimlichkeit, in die sich Vater und Kind teilen, und das Kind eben dies sagt – ‚Vater, siehst du denn nicht, dass ich verbrenne‘? An was sollte das Kind verbrennen, wenn nicht – was auch an anderen Punkten der Freudschen Topologie offenkundig wird – an der Sündenlast des Vaters. . . . Der Vater, der Name-des-Vaters, stützt die Struktur des Begehrens mit der des Gesetzes – und hinterlässt, worauf auch Kierkegaard hinweist, als Erbschaft seine Sünde.[45]

In Goethes Spruch „Es erben sich Gesetz und Rechte wie eine ew‘ge Krankheit fort, sie schleppen von Geschlecht sich zum Geschlechte . . Vernunft wird Unsinn, Wohltat Plage, weh dir, dass du ein Enkel bist", geht es um die gleiche Erbschaft.[46] Lacan verlegt diese Proble-

---

[45] Lacan, J., Seminar XI, Die vier Grundbegriffe der Psychoanalyse, Walter Verlag (1980) S. 65
[46] Goethe, W. v., Faust, Schülerszene.

matik in das, was er den Name-des-Vaters nennt, der von ihm, wie gesagt, später durch den Begriff der ‚logischen Praxis' ersetzt wurde. Er macht darin klar, dass es nicht ums juristische Gesetz, sondern um eine innere Gesetzmäßigkeit geht, in der die Vatermetapher stets mit einer unbewussten Begehrlichkeit verbunden ist, die von Generation zu Generation weitergetragen wird und mit dem Freudschen Sexual- und Aggressionskomplex verbunden ist.

Die versäumte Lebens-Realität mahnt den Vater in dem genannten Traum mit der grellsten Komplexität des Erscheinungs-Wort-Wirkenden, die es gibt, und das längst hätte benannt und gezähmt werden müssen. Das knisternde Feuergeräusch ist nur der äußerliche Auslöser für den in einer Art Brennpunkt sich sammelnden Vorwurfs- und Begehrens-Blick, in dem Aufdeckungs- und Enthüllungs-Licht, dem Feuer, Flackern der Oszillation des aggressiv Sexuellen. Will man diesen Traum von daher sehen, dass er grundsätzlich auch ein Hüter des Schlafes ist, wie Freud konstatierte, kann man in diesem Falle sagen: „So also ist jenes stets versäumte Zusammentreffen zwischen Traum und Erwachen gelaufen: zwischen einem, der für immer schläft und dessen Traum wir nie kennen werden, und einem, der träumte, nur um nicht erwachen zu müssen".[45]

Der von mir so titulierte *unverständliche* Vater ist meines Erachtens ein passenderer Ausdruck für all das eben

Gesagten, weil er Nasios *unverständliche Vorstellung* ja gerade mit dem Signifikanten zu tun hat, der so in sich unbewusst verwickelt ist, und so sehr stolpert, erstaunt und überrascht, dass man keinen Zugang zu dem hat, was mit dem Wort Vater metaphorisiert wird. „Man kann" – wenn ich nochmals Erasmus von Rotterdam zitiere – wirkliches „Wissen nur mit Scheu erwerben", mit weitgehender Zurückhaltung, mit Pyrrhonschem ‚Epechein', was nur dem Einzelnen gelingen wird, dem Einzelnen allein mit der gehörigen Verwunderung, von der Nasio schreibt, und die diese ganze Vater-Verschwurbelung nur mit Ironie (das war der Weg Pyrrhons und der Stoiker), mit ‚logischer Praxis' (Lacan), oder mit Meditation (*Analytischer Psychokatharsis*) bewältigt.

Und mit dem ständigen Kampf um ein Begreifen des Scham-Schuld-Komplexes, der eben nur durch solche Methoden – wie die gerade erwähnten – gewonnen werden kann. Ging es bei Freud also um den getöteten Vater und die Schuldgefühle, geht es nunmehr um die Sünden, die der Vater sein Leben lang verheimlicht hat. Beides zusammen macht ein ‚Unbehagen in – nicht an – der Kultur' aus, wie Freud schrieb, was bedeutet, dass trotz hoch qualifizierter kultureller Leistungen stets noch so ein Mangel und Fehlgefühl zurückbleibt, weil die letzte Befreiung und Erlösung nicht erreicht wird. Das Unbehagen ist letztendlich nichts anderes als ein

Sitzenbleiben auf dem Mangel, auf dem unzureichenden oder eben *unverständlichen* Vater.

Er ist gerade wegen seiner *Unverständlichkeit* ein Oberbegriff für die Grundkräfte, die Subeinheiten des Erscheinungs- und Wort-Wirkenden, die der Philosoph Byung-Chul Han versuchte, durch zwei mehr sozialkulturelle Grundsätzlichkeiten auszudrücken, nämlich die Disziplinar- und die Leistungsgesellschaft.[47] Als verbindendes Mittelstück steht – im Inneren wie im Äußeren, und, wie ich schon andeutete – Lacans *Anderer* zur Debatte, der jetzt weniger als A oder A̸, sondern eben mehr als Vater-Symbol herhalten muss, das zwischen diesen beiden A hin und her pendelt. So sehr unter dem Begriff der Negativität auch brutale Gewalt zu verstehen ist, gilt doch für die normale Disziplinar-Gesellschaft, dass man in ihr statt Gewalt auch Macht – und zwar handelt es sich speziell um die Macht des bedeutenden *Anderen,* der Vater-Figur – und deren Negativität als eine fördernde, disziplinierende, also lehrende Wirkung kannte.

B.-C. Han beklagte, dass diese nicht gewaltsame, aber machtvolle Negativität des lehrenden *Anderen* heutzutage in der alles nur nivellierenden Leistungs-Gesellschaft total verloren gegangen ist. Denn die Disziplin war Antriebskraft und Herausforderung, um

---

[47] Han, B.-C., Topologie der Gewalt, Matthes & Seitz (2017)

Selbstbestätigung und Anerkennung zu gewinnen. Heute dagegen würde alles einer gleichmachen, gewaltsamen Positivität untergeordnet, und damit ein endloses Durcheinander erzeugt, in dem es den *Anderen*, den Lehrer, das Symbol Vater, gleich gar nicht mehr gibt.

„Die Zeit, in der es den *Anderen* gab, ist vorbei", schreibt B.-C. Han. „Der Andere als Geheimnis, der Andere als Verführung, der Andere als Begehren, der Andere als Hölle, der Andere als Schmerz verschwindet. Die Negativität des Anderen weicht heute der Positivität des Gleichen. Die Wucherungen des Gleichen macht die pathologischen Veränderungen aus, die heute den Sozialkörper befallen. Nicht Entzug und Verbot, sondern Überkommunikation und Überkonsumption, nicht Verdrängung und Negation, sondern Permissivität und Affirmation machen ihn krank".[48] Beide Systeme, das der Disziplinar-Gesellschaft, in der der *Andere* noch Gegenwart besaß und Macht hatte, wie auch der der Leistungs-Gesellschaft, in der alles durch totale Angleichung nivelliert wird, haben ihre Vor- und Nachteile. Trotzdem ist es gut sich mit ihnen zu beschäftigen, um zu klären, was als Symbol einer zentralen Identität, Dominanz oder gelungenen Kombination des Erscheinungs- und des Wort-Wirkenden eigentlich ist, und

---

[48] Han, B.-C., Die Austreibung des Anderen, Fischer Wissenschaft (2016) S. 7

wie man dann in verbesserter Form damit umgehen kann.[49]

In der früheren Disziplinar-Gesellschaft war – so B.-C. Han – alles geregelt, die Menschen waren Pflichtsubjekte, hatten also ihre Aufgaben so verinnerlicht, dass sie von sich aus taten, was vorgeschrieben war. Wie gesagt konnte darin der *Andere* ein Vermittlungsfaktor sein, er schaffte wohlgeordnete Bindungen, doch dazu musste man einen Großteil der Schattenseiten (Regelung, Strafen, Hierarchien, etc.) akzeptieren. In ihr gab und gibt es noch die Psychoanalyse, die – so B.-C. Han – mit dem Konfliktmodel des Es-Ich-Überich Neurosen behandeln konnte. Die Welt bestand aus „Fabriken, Schulen und Kasernen", war aber verbindlich, denn „je größer die Differenz zum Eigenen ist, desto intensiver ist die ihm erwiesene Freundlichkeit. Schon seit Kant war klar, dass jeder Mensch Gewissen hat und sich durch einen inneren Richter beobachtet, bedroht und in Respekt gehalten findet . . . was nicht selbstgemacht, sondern seinem Wesen einverleibt ist".[50]

Weitgehend umgekehrt geht es in der heutigen Leistungsgesellschaft zu, die B.-C. Han auch die Müdigkeitsgesellschaft nennt. Sie leistet nicht wirklich etwas

---

[49] Alle folgenden Zitate stammen aus dem Buch von Han, B.-C., Topologie der Gewalt, Matthes & Seitz (2017)
[50] Kant, I., Die Metaphysik der Sitten, GW Bd. 7 (1983) S. 573

Fortschrittliches, sondern einfach nur viel, und zwar zu viel von Gleichem, was besonders ermüdet. B.-C. Han sieht geradezu eine Gewalt der alles gleichmachenden Positivität am Werk, ja eine „Vermassung des Positiven", die zum Infarkt führen kann. Das heutige Lustsubjekt – so meint er – unterliegt keinem Zwang mehr, keinen ständigen Pflichtansprüchen. Es kennt hunderterlei Beziehungen (Millionen Follower), aber keine intensiven Bindungen (keine Freunde). Es baut die Schranken ab in Richtung auf eine unbegrenzte Freiheit, in der auch der *Andere* keine Funktion mehr hat. Es ist die Welt „von gläsernen Bürotürmen, Shopping Malls, Fitness Zentren und Schönheitskliniken". Das im Gleichheitswahn schwimmende Lustsubjekt leidet nicht mehr an Neurosen, sondern an echter Depression, an Aufmerksamkeits-Defizit Syndrom und am Burn-Out. Man ist nicht mehr freundlich zueinander, sondern tolerant.

Und weiter: Wo es früher Abgrenzung, Geheimniskrämerei, Schranken und Grenzen gab, existiert in der heutigen Zeit das Glatte, Durchgängige, eine ständige Zur-Schau-Stellung, eine imperative Transparenz. „Statt einem schwellenreichen Übergang gibt es nun den schwellenlosen Durchgang. Wer die Schwelle überschreitet, unterzieht sich einer Verwandlung . . . während das Glatte, Schwellenlose nur ein angenehmes Gefühl [ein Like)] erzeugt, mit dem sich kein Sinn, kein

Tiefsinn verbinden lässt".[51] „Der totale Abbau der Grenzen und Schwellen ist pornographisch. . . Charakteristisch für die heutige Gesellschaft der Transparenz ist, dass die pornographische Zur-Schau-Stellung und die panoptische Kontrolle ineinander übergehen. Der Exhibitionismus und Voyeurismus speist die Netze als elektronisches Panoptikum . . . wo das Subjekt nicht durch einen fremden Zwang, sondern aus einem selbstgenerierten Bedürfnis heraus sich entblößt . . . so fallen Selbst-Ausleuchtung und Selbst-Ausbeutung [speziell durch die digitalen Medien] in eins".[52]

Man hat zwar das Gefühl, dass B.-C. Han auf der Seite der früheren, disziplinierten, gemischt Herrschafts-Lust-Subjekte steht, und die Neuzeitsubjekte mit ihren glatten Handyoberflächen, „zerstreut durch ein Zuviel an Gleichem" und vermasst in ihrer stetigen Überkommunikation, die schlechteren Karten gezogen haben. „In ihrer Urpassivität sind sie empfänglich für die Stimme eines jeden Anderen", der ihnen Fakes und Stuss, Tratsch und Hohlheiten offeriert, während man in der Disziplinar-Gesellschaft sich an den *Anderen* halten konnte, der bedeutsam war, wenn auch manchmal übermächtig. Doch dies gilt ja für die Müdigkeitsgesellschaft auch,

[51] Han, B.-C., Die Errettung des Schönen, Fischer Wissenschaft (2016) S. 11

[52] Han, B.-C., Topologie der Gewalt, Matthes & Seitz (2017) S. 134-135

dort sind es die übermächtigen Formen der Positivität, des Machens nur um des Machens willen.

Trotz aller dieser klugen Äußerungen und Statements führt B.-C. Hans Philosophie aber nicht zu einem Ausweg aus diesen beiden groß angelegten sozial-politischen und aggressiv-libidinösen Systemen (Subeinheiten) des heute ohne und gestern mit dem symbolischen Vater. Mich erinnert das alles auch wieder an den ‚toten und leeren Signifikanten' der Sprach- und Literaturwissenschaft, der in beiden von B.-C. Hans Gesellschaften wirksam ist. Daher nochmals der Hinweis auf F. Dürrenmatts Erklärung, dass man bei einem Drama mit den ‚leeren Signifikanten' beginnen, gleich danach aber die „katastrophischst mögliche Wendung" einführen muss, um den entscheidenden Effekt zu haben. So kommt es in seinem Stück ‚Der Besuch der alten Dame' kommt es zu so einer Wendung, als die besagte Dame in ihren Heimatort zurückkommt und eine Milliarde bietet, wenn man ihren früheren, sie verletzt habenden Liebhaber umbringt. Alle empören sich maßlos, aber dann bröckelt die moralische Front mit dramatischen Folgen.

Dürrenmatt ist hier selbst der den Zuhörern unbewusst *Andere*, der „der Teil des konkreten Diskurses als eines überindividuellen ist, der dem *Subjekt* bei der Wiederherstellung der Kontinuität seines bewussten Diskurses nicht zur Verfügung steht".[53] Auch so ‚lernt man Vater‘, wenn ich das so salopp im Jugend-Jargon der heutigen Zeit ausdrücken darf. Trotzdem scheint es wohl einsichtig, dass ich an dieser Stelle das Verfahren der *Analytischen Psychokatharsis* zum Lernen empfehle, wo eben jeder Einzelne in sich selbst mit Hilfe der exakt aus diesem Vater-Symbol kommenden Meditation die Lösung finden kann. Vor dem Einstieg in die Kultur muss jeder Einzelne in sein Inneres gehen.

Ich habe vor vielen Jahren ein Buch veröffentlicht, das den Titel trug ‚Vater seiner Selbst‘, das ich dann wieder aus dem Verkehr gezogen habe, weil mir diese Selbst-Ver-Vaterung zu krass und zu übertrieben erschien. Aber eigentlich läuft es auf so etwas hinaus. Lacan hat wie erwähnt immer vom Vater-Namen gesprochen, um das Symbolische zu betonen, aber hat er sich selbst darüber geärgert und gesagt, es geht ihm in diesem Namen um eine ‚symbolische, logische Praxis‘ in der sich seine Art der Psychoanalyse verkörpern würde. Aber auch das ist heute nur Theorie, ich kenne außer Nasio keinen logisch praktizierenden Lacanianer, und deswegen empfehle ich die *Analytische Psychokatharsis* als eine Fortsetzung seiner Bemühungen.

Nachdem ich damit auch nochmals die eine Säule des Verfahrens der *Analytischen Psychokatharsis* dargestellt

---

[53] Lacan, J., Schriften I, Walter (1980) S. 97- 98

habe, die im Grummeln, Rauschen, redundant Symbolischen des Wort-Wirkenden besteht, indem hier V.a.t.e.r, der *unverständliche*, kaum zu buchstabierende, zum Zug kommt und schließlich noch weiter formalisiert und in dieser Weise im *Formel-Wort* umgesetzt ist, habe ich damit aber auch – unter anderem mit den gesellschaftlichen Ausweitungen B.-.C. Han's und den schillernden Vaterfiguren – bereits die zweite Säule des Verfahrens angedeutet.

Während das Grummeln durch eine Wendung, Überlappung von einzelnen Bedeutungen erstellt worden ist, was genau dem Aufbau des Unbewussten entspricht (siehe Traum, siehe Versprecher und all die jetzt gebrachten Beispiele) und damit dem wissenschaftlichen, wort-wirkenden Vorgehen Genüge getan wird, will ich im nächsten Kapitel zur anderen Säule des Verfahrens kommen, die mit dem Erscheinungs-Wirkenden zu tun hat und dieses ebenfalls auf seine Elementarität zurückstutzt, die im Luziden, im Flackern, im Oszillieren im Pixel-Rausch seine wissenschaftliche Erklärung bekommt. Auch hier spielen Überlappungen eine Rolle, die schließlich – und deswegen erzähle ich diese ganzen Geschichten – seinen Höhepunkt in den *Formel-Worten* der *Analytischen Psychokatharsis* bekommt.

6. Der gedimmte Blick

Wenn Hofstadter sich an die Semantik hielt, an die Zeichen und Buchstaben, die er in einer besonderen Weise schütteln ließ, was an die Psychoanalyse erinnerte, so war das also einfach nicht genug für weitere Erklärungen des Verfahrens der *Analytischen Psychokatharsis*. Warum sollten es Subeinheiten aus dem Bereich der Kognition, der Linguistik, der Psychoanalyse oder der Physik sein, wo sich doch einfache gebildete Literaten wie Pyrrhon oder Erasmus schon ausreichend ohne diese Wissenschaften bewährt haben. Warum nicht noch einmal Künstler, zum Beispiel einen Dichter wie Antoine de Saint-Exupéry oder einen Maler wie Casper David Friedrich nehmen, um – diesmal bezüglich der zweiten Säule des Verfahrens – dieses von der erscheinungswirkenden Seite zu beleuchten? Beleuchten im wahrsten Sinne des Wortes, denn es geht ja um das unbewusste Sehen, um den Blick.

In seinem Buch vom ‚Kleinen Prinz‘ schreibt er den bekannten Satz: „Nur mit dem Herzen sieht man gut. Das Wesentliche ist für die Augen unsichtbar".[54] Damit bin ich im Zentrum dessen, was ich für diese zweite Säule des Verfahrens der *Analytischen Psychokatharsis* benötige, nämlich das gerade oben erwähnte Flackern,

---

[54] Saint-Exupéry, A., Der kleine Prinz (2015)

Flimmern, Oszillieren und phosphoreszierend Luzide des Erscheinungs-Wirkenden. Wie bei Saint-Exupéry betrifft diese Art der Sehens, Wahrnehmens, Leuchtens nicht so sehr das Auge, sondern eben mehr den Schautrieb, das Begehren eines „sich sehen Machens" wie Lacan es analog zum „sich hören Machens" bezeichnet.[55] Das „sich sehen machen" heißt selbst zum Pfeil des Sehens zu werden, mythisch gesagt zur Ausstrahlung des ‚Herzens', zur Pyrrhonschen διαφορά (diaphora), der ‚Verschiedenheit' im Spiel mit den sichtbaren Gegensätzen, also vom begehrlichen Blick, der sich vorwölbt als sei er ein Objekt. Und tatsächlich beschreibt Lacan es auch als ein fast objekthaftes Gebilde, das er mit dem Buchstaben **a** versieht als Gegensatz zum A des *Anderen*.

Für Lacan ist das Begehrensobjekt **a** zwar auch das andere (aber kleingeschrieben), das Spiegel-Objekt, der Blick, in dem man sich im anderen nur spiegelt, also nicht tiefsinniger, sondern nur direkter, aber auch oberflächlicher wahrnimmt, wie es unter Spielkameraden meist Usus ist. Es kann auch das frühe Mutterbild sein, das – wie schon eingangs erwähnt – die Psychoanalytiker in deren Brust sehen, was aber nichts mit dem Nahrungsbedürfnis zu tun hat, sondern mit der Berührungs-, der Mund-Lust, die nicht dem Stillen des Bedürfnisses,

---

[55] Lacan, J., Seminar XI, Die vier Grundbegriffe der Psychoanalyse, Walter Verlag (1980) S. 204

sondern des Begehrens dient. Es kann auch der Blick sein, der den ‚Glanz im Mutterauge' betrifft, wie es der Psychoanalytiker Heinz Kohut nannte, wobei gar nicht sicher ist, ob das Wort Glanz hier nicht übertrieben ist. Denn das Kind lächelt auch dann, wenn man ihm zwei augengleiche Punkte vorhält, so dass das Lächeln einfach dem Blickbegehren als solchem gilt, dem erwähnten ‚sich sehen machen', was wohl auch nicht Saint-Exupérys blickendem Herz entspricht. Oder doch? Doch, zu einem gewissen Teil schon.

Das Gegenständliche, das wir üblicherweise Objekt nennen, wirkt wie ein bereits minimal Erstarrtes, Verdinglicht- und Versachlichtes. Dagegen ist der Schautrieb und sein Objekt lebendiger, ein Etwas, das zu leuchten, zu oszillieren anfängt, das ein ‚Es werde Licht' begehrt, das also Luzides erschafft und sich damit authentifiziert. Die Formulierung, dass, man nur mit dem Herzen gut sieht, klingt sympathisch, menschlich, schlicht, originell. Jeder weiß sofort, was gemeint ist, nämlich dass das Herz als Sitz warmer, empathischer Gefühle das bessere Organ darstellt als das Auge, das nur nüchtern und von oben herab die Dinge zu sehen versucht. Doch um diesen Satz noch genauer und besser zu verstehen, müsste man das Herz in zwei Formen, in ein unteres, elementares, erregtes (erscheinungs-wirkendes) und ein oberes, großmütiges, warmes, weis-heitsliebendes (wort-wirkendes) unterscheiden.

Das untere Herz wäre dann für die heftigen, ungefilterten basalen Gefühle zuständig, aber auch für den noch wenig beseelten Blick. Es ist der Sitz der Leidenschaften und manischer Anhängigkeiten, aber auch das Herz, das sich empathielos an einen Gartenstuhl, einen Pelzmantel oder eine Glotze verlieren kann. Es kann in Theatralik oder Erotomanie überschäumen, was nicht unbedingt schlecht oder falsch sein muss, aber es bleibt doch ein ziemlich kleiner Teil von dem, was Saint-Exupéry gemeint hat. Einerseits. Andererseits glaube ich zeigen zu können, dass Saint-Exupéry selbst von dieser Form des Herzens stark bestimmt und bewegt war, während er den ‚kleinen Prinzen' so darstellt, als sei dieser weiter oben im Weisheitsliebenden, Empathischen und Warmen angesiedelt.

Schon die Mystiker früherer Zeiten haben behauptet, dass sie das Herz oben in der Stirne trügen. Gemeint ist, dass sie zwar fühlen und innerlich vom Herzen als dem Organ der wahren Liebe erfüllt sind, aber auch ein Überblick, eine transzendente Perspektive dazugehört. Das Mystiker-Herz strahlt ein sanftes Empfinden aus, das Empfänglichkeit und Hingabe kennt und zudem sogar mit ein bisschen Vernunft und eben Großmütigkeit begabt ist. Es befindet sich also hauptsächlich oben. Bei Saint-Exupéry schaut es anders aus, bei ihm geht es um eine Mischung aus beiden Herzen, oben und unten, schließlich war er selbst ein großer Humanist aber eben auch ein Hallodri, ein fataler Herzensbrecher und Abenteurer. Diesbezüglich hat er wohl mit seinem Herzen zu gut gesehen, aber nicht begriffen, dass sein Herzens-Blick manches Frauenherz nicht richtig eingeschätzt und behandelt, sondern es eher gebrochen hat, und es so wohl häufig das untere Herz gewesen ist, das bei ihm gut gesehen hat.

Denn lange nach seinem Tod und noch länger nach dem Tod seine Ehefrau Consuelo wurden deren Memoiren gefunden, die die offizielle Hagiografie Saint-Exupéry schwer trüben. „Ohne eine rachsüchtige Abrechnung zu sein, decken sie die dunklen Tiefen einer Beziehung auf, die lange für nebensächlich gehalten wurde. Und sie zeigen einen unsteten und untreuen Mann, der seine Frau wie sein Eigentum behandelt, der geliebt werden will, ohne zu lieben, der flieht und wiederkommt, frei sein möchte und doch abhängig bleibt.[56] Vielleicht ist deswegen auch das Ende des Buches so gar nicht erfreu-lich. Der Prinz lässt sich von einer Schlange einen tödli-chen Biss verpassen, was so gar nicht zur Harmonie der sonstigen Erzählungen passt, aber so hat er sich dann tatsächlich aus der Affäre gezogen: War es blinde Neu-gier oder ruhmsüchtiger Ehrgeiz, der ihn am Ende des Weltkriegs unnötigerweise – wie es amtlich hieß – weit in feindliches Gebiet hat fliegen lassen, wo er abge-schossen wurde.

---

[56] Leick, R., Ein liederlicher Heiliger, DER SPIEGEL, Nr. 7 (2001)

Saint-Exupéry konzentrierte sich nicht auf den Blick ins eigene Innere, sondern auf den nach außen, dabei kam irgendetwas zu kurz, eben das nach innen, aber auch nach oben hätte gehen sollen. Saint-Exupéry war sicher nicht lieblos, trivial oder glatt, denn er konnte mit seiner Sicht der Dinge wuchern, konnte sie erhöhen, verwirbeln, aber mit ihrer Art von Krummheit auch verletzen. „Das Glatte verletzt nicht", schreibt der Philosoph Byung-Chul Han, . . . aber von ihm geht auch kein Widerstand aus", das den Blick auf die Dinge krümmt und ihn feurig macht, zu feurig, zu wild. „Der glatte Gegenstand tilgt sein Gegen. . . Jede Negativität wird beseitigt. . . Es ist gleichsam unverletzbar."[57] Saint-Exupérys ungeglätteter und damit zwar ehrlicher, aufrichtiger, aber auch zu heftiger, zu begehrlicher Herzblick überwindet jede Glätte, raut sie auf, dies betrifft jedoch nur die eine Seite. Saint-Exupérys Blick benötigte dringend die andere Seite, die mit dem der kleine Prinz und der Fuchs ins Spiel kamen, um so ‚mit dem Herzen richtig sehen' zu können.

Im weiteren Verlauf des Buches nämlich lässt er den Fuchs zum Prinzen sagen: „Si tu m'apprivoises, ma vie sera comme ensoleillée (Wenn du mich zähmst, wird mein Leben wie Sonnenschein sein)". Klar, auch der Fuchs ist Saint-Exupéry selbst, denn er muss gezähmt

---

[57] Byung-Chul Han, Die Errettung des Schönen, Fischer (2015) S. 9

werden, weil er ein ‚Womanizer' war, einer, der eben immer hinter den Frauen her ist, und dachte, er sei der Prinz. So verschütteln sich die Subeinheiten bis er selber nicht mehr weiß, wer er ist. Mal ist er Fuchs, mal Prinz, mal ist er der poetische Weisheitslehrer. Das Buch ist voll von wunderbaren Sätzen, die einen betört zurücklassen, schade fast, denn sie verwirklichen sich so selten und stellen die Frage nach der Wertung zwischen dem Leben des Künstlers und seinem Werk.

Der Blick des Herzens war es jedenfalls nicht, der sein Leben hat so ausgehen lassen. Saint-Exupérys Blick allein reichte nicht aus, um auch die Gedanken zu sehen, die sich in der tiefsten Stelle des Herzens verbergen können. Denn natürlich kann man ebenso mit dem oberen Herzen nicht gut sehen, wenn die Gedanken zu zahlreich, zu komplex, zu sehr intellektualisiert und versachlicht oder einfach nur schlecht sind. Vor allem stören die Gedanken, die man bei sich selbst nicht mag, die aus der Sicht des oberen Herzens ‚niedrigen' Gedanken. Um mit dem oberen – oder besser auch mit dem ganzen Herzen gut zu sehen, braucht man noch etwas Zusätzliches, etwas, das die beiden Herzen zusammenhält und dass dieses ganze Herz, zudem auch noch mit dem richtigen Blick versieht.

Es muss nämlich ein Blick sein, der nichts Bestimmtes sieht, und damit bin ich beim ‚gedimmten Blick' des Schaubegehrens, der wie die verrauschte, redundante

Stimme des Textes nichts vorher schon zu sehr Vorge-
fasstes oder Narzisstisches im Visier hat. Der fast gar
nicht mehr Blick ist, sondern etwas „sich sehen Machendes", etwas zwischen visieren und faszinieren, etwas sich Zurücknehmendes, Kontemplierendes, ein
‚Herz', das nicht schlägt sondern strahlt, ein Schauen,
das gar nichts zu Vordergründiges sehen will, sondern
sich im Wahrheits-Auge des *Anderen* spiegelt. So wie in
der Sprache das Stolpern und das Rauschen das Wesentliche darstellte, das Redundante, aber Wirksamere als
das rein Resonante, so gipfelt das „sich sehen machende" Schauen in einem Flimmern, Flackern, Glänzen, in
einem wie vom Unendlichen herkommenden Licht-
punkt.

Lacan hat es mit dem Wesen des Flecks bezeichnet. Er
ging von der Ozelle aus, die nicht ganz Auge ist, aber
auch nicht Mimese oder Mimikry. Die Ozelle ist licht-
empfindlich, sie sieht also etwas, doch da sie auch ein
Fleck ist, wirkt sie oft wie ein Auge, was ja bekanntlich
eine Schutzwirkung haben kann. Doch die Ozelle ist nur
eine sehr vereinfachte Vorlage aus der niedrigen Tier-
welt, die nicht für die Betrachtung des Menschen genügt, um – genau so gut wie die des Sprechens durch
das Rauschen – das Wesen des Schauens durch den
Fleck zu erklären.

Beides ist eine Reduzierung, eine Regression wie die
Psychoanalytiker sagen, aber eben eine auf das Wesent-

liche, Originäre hin Strebende. „Das Subjekt", so schreibt Lacan in seinem Seminar XI, „ist gespalten in zwei Formen des Sehens, in das Sehen, das auf dem Auge beruht, und das Sehen, das sich auf den Blick gründet". Ausgangspunkt ist das ursprüngliche Trauma, das die menschliche Seele in zwei Teile aufgespalten hat, Nasios Schnitt, wobei hier jedoch nicht die Spaltung in Erscheinungs- und Wort-Wirkendes, sondern die mehr und vorwiegend auf dem Erscheinenden liegende Erfahrung dieser Spaltung bezüglich des Schautriebs gemeint ist. Und so existiert eben das Auge, das einerseits für die Wahrnehmung des Lebenserhaltes notwendig ist, sozusagen das vorwiegend fotografische Sehen, und andererseits der Blick, der für die Befriedigung der Schaulust zuständig ist.

Das Auge, das also ich-konform für den normalen Lebenserhalt arbeitet, ist in seiner Optik in der unten stehenden Abbildung nach Lacan schematisch dargestellt. Es erstellt ein Bild des Objekts, das es im Gedächtnis speichern kann. „Dieses geometrale Sehen beruht auf einer Optik der Raumabstände, die selbst auch einem Blinden zur Verfügung steht. Man könnte die Lichtstrahlen durch Fäden ersetzen und ein Blinder könnte die Punkt-für-Punkt-Entsprechungen abtasten. Damit entgeht dieser Optik das Eigentliche des Sehens, nämlich das Licht in seiner luziden Form, das sich keineswegs darauf reduziert, dass es sich in Form von gradlinigen Strahlen ausbreitet. . . Dieses Objekt kann nicht in einem Raum erfasst werden, der ein Raum aus (festen) Abständen ist". Mit diesem Einwand spielt Lacan auf die mathematische Topologie an, die keine festen Abstände kennt.[58]

Die Licht- und Sehstrahlen verlaufen also bei der genannten Optik gradlinig, die Bilder dieser Art des Sehens kann der Mensch durch andere ersetzen. Das Objekt wird aber bekanntlich nicht so dreidimensional wie es wirklich ist, auf der Netzhaut abgebildet. Er kommt dort vorwiegend zweidimensional im Sehsystem an und wird erst dort weiter im Sinne der Drei-Dimensionalität verarbeitet. Dort entsteht das eigentliche Bild, das das Ich sich somit zentralperspektivisch von der Realität macht und in dem

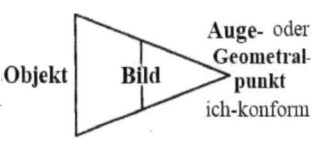

es befangen bleibt, weil es – wie Saint-Exupéry sagen würde – nicht mit dem Herzen sieht, wo man – nicht unbedingt herzlos – aber dafür mit den nicht Vorgefassten, etwas Gedimmten und punktförmigen Blick des *Anderen* sieht. Denn nur mit dem Herzen zu sehen könnte auf Dauer doch anstrengend sein, während der ‚gedimmte Blick' ehrlich ist, angepasst, gut, verbindlich.

---

[58] Lacan, J., Seminar XI, Die vier Grundbegriffe der Psychoanalyse, Walter-Verlag (1978) S. 73-123

So betrachtet befinden sich nämlich die Verhältnisse des Schauens auf der anderen Seite, auf der man nun nicht so sehr die Betonung auf die Tätigkeit des Auges, als vielmehr auf diejenige des dem Schautrieb unterworfenen Blicks legen muss. Für den Psychoanalytiker regiert in der Gesamtheit des Sehfeldes nicht so sehr die Fotographie und Optik des Auges, sondern eben die der Luzidität, das Flimmern und Glänzen des Blicks. Im Luziden steht die „Wechselbeziehung von Blick und Fleck im Vordergrund, die sich aber gleichzeitig jener Art des Sehens entzieht, das sich selbst genügt, indem es sich als Bewusstsein imaginiert" wie im Fall des geometralen, fotographischen Sehens. Dieses andere, unbewusste Sehen habe ich also schon als das „sich sehen machen" erwähnt, dabei aber nicht genügend auf die Funktion des Flecks hingewiesen.

„Das menschliche Subjekt", so Lacan, „das Subjekt des Begehrens, welches das Wesen des Menschen ausmacht, unterliegt im Gegensatz zum Tier nicht ganz dem imaginären Befangensein. Es zeichnet sich aus. Wie das? In dem Maße, wie es die Funktion des Flecks, des Schirms (siehe Schema der beiden Abbildungen) herauslöst und mit ihr spielt. Tatsächlich vermag der Mensch mit der Maske [dem Schirm oder Filter] zu spielen, ist er doch etwas, über dem jenseits der Blick dominiert. Der Schirm ist hier Ort der Vermittlung." Er bringt eine Ordnung in die Blicke, ja ist dauernd damit beschäftigt, so dass diese Vermittlung schließlich die Ausmaße des Symbolischen und des Sprechens erreicht.

Der von der Schaulust gesteuerte Blick befriedigt sich also nicht an der Wahrnehmung der Lebenserhaltungs-Objekte, sondern an sich selbst, an sich als dem Licht-punkt des eigenen *Anderen*. Er ergötzt sich vielmehr am Beschautwerden und am Sich-Zeigen, das im Voyeu-rismus und Exhibitionismus seine aus der Bahn gerate-nen Extreme vermittelt. Dieser Blick funktioniert mehr in der Richtung des in der oben stehenden Abbildung dargestellten Schemas. Es ist geradezu verkehrt herum aufgebaut. Was vorher Geometral- oder Augenpunkt war, ist jetzt der Licht-, Glanz- oder luzider Blickpunkt, von dem aus man nicht nur subjektbezogen blickt, son-

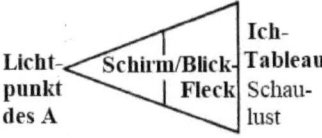

dern sich auch als er-blickt wahrnimmt, indem es beim menschlichen Subjekt ein Sehen gibt, das ihn vor überall her anzugehen und anzublicken scheint, weil es in seiner Luzidität, in seiner Lichthaftigkeit dem Blickbegehren unterworfen ist.

Legt man nun beide Dreiecke übereinander (Abbildung unten), kommt das zustande, was einen Kompromiss, eine an das Leben in seiner Gesamtheit kombinierte und an die Gesellschaft angepasst Form des Sehens darstellt. Mal liegt der Schwerpunkt ein bisschen mehr auf dem

Auge, das gerade mal das Sichtfeld fotografiert, manchmal ohne dass man es merkt, dann wieder ist man verzückt, wickelt man sich und andere in die Luzidität des Blicks ein und fixiert ihn als a, als Stielauge, als geglätteten Schönblick, als Glotzen, von dem B.-C. Han sagt, es sei die „Signatur der Gegenwart", ja des ständigen bloßen, nackten Gegenwärtig Seins. Entweder blickt man, sieht aber nichts, oder man sieht nur distanzlos, glatt, wie am Bildschirm, wo man „zu ständiger Gefräßigkeit immer neuer Bilder gezwungen ist".[59]

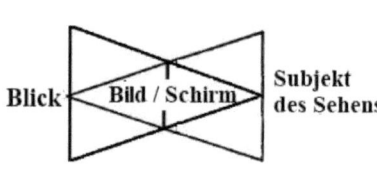

Es ist etwas ganz anderes ein Bild von M. Rothko zu sehen, das meist zwei scheinbar schmutzige Flächen präsentiert, die aber gerade deswegen, weil sie nichts Definitives, nichts bunt Figuratives, nicht Bild-Betontes zeigen, zum kontemplativen Sehen anregen, wo man nun wirklich etwas sieht, das auch mit einem selbst zu tun hat. „Die Lückenlose Sichtbarkeit des Objekts", schreibt B.-C. Han daher, „zerstört den Blick", den eigentlichen Blick in sich und die Welt. „Die glatte Kommunikation [mit dem Bildschirm, dem Smartfon, den digitalisierten Deep-Nudes] vollzieht sich als eine *Ansteckung* ohne jede ästhetische Distanz. . . Im Digi-

---

[59] Han, B.-C., Die Errettung des Schönen, Fischer (2016)

talschönen ist die Negativität des Anderen gänzlich aufgehoben. Es soll keinen Riss enthalten. Es ist nur ein *Like*, ein Gefällt mir". Dagegen ist das in der Kunst gelungene Schöne „das Nachbild des Schweigens, aus welchem allein die Natur redet".

Wenn dem Blick nichts Werthaltiges mehr innewohnt, dann wird es nur zu einem positiven Vergnügen, zu dem genannten Like, dem Emoji der Digitalwelt. Im Digitalen liegen die Blicke einfach nur vor, sie sind ohne Geschichte, ohne Tiefenschärfe. Der Maler dagegen versteht es, etwas unter dem Schirm hervorzulocken und dem Betrachter etwas zu sehen zu geben, das Objekt auf der Leinwand, auf dem etwas im Licht-, *Strahlt*-Punkt funkelnden Begehren (verkürzt: dem Es *Strahlt*), der Blicklust, entspricht und doch den Blick gleichzeitig zähmt, so dass er sich nicht völlig im Bild verströmt. Er nutzt dazu das Gedimmte und – nur in unterschiedlichem oder ganz geringem Maße – sein zentralperspektivisches Sehen. In der expressionistischen und weiter moderneren Malerei provoziert er. Er verlässt zunehmend die Perspektive und setzt den Betrachter dem nackten Bild aus.

Im Extremfall nähert er sich der Horrorvision oder dem pornographischen Bild. Im gleichen Sinne haben Esoteriker wie etwa die Anthroposophen vom Blick- bzw. *Strahlt*-Punkt als einem „Lichtkörper" gesprochen. So wird noch deutlicher, dass hier – wie auch im Traum –

das Psychotische hereinspielt, also nicht nur das Irratio-
nale, sondern auch das Irreale. Noch viel stärker wirkt
sich dies alles beim Sehen von Mensch zu Mensch aus.
Hier werden Sympathie und Antipathie je nach dem
Gedimmten, das man sich erworben hat, verteilt und
bewirken wiederum verschiedenste emotionale und
identifikatorische Reaktionen. Doch letztlich kann man
das ganze Wesen des Films und des Theaters, das wir
sind, nicht allein aus dem engen Zusammenhang mit
dem Feld des Sehens, der Schau, Sichtung und Wahrnehmung her erfassen und begreifen. Man muss auch
das Feld der symbolischen Ordnung, der Sprache, der
Mathematik, und der in der Psychoanalyse so wichtigen
sprachorientierten *Signifikanten* (das Wort-Wirkliche)
mit heranziehen, von denen das menschliche Subjekt
genauso stark bestimmt ist.

Schließlich spreche ich schon die ganze Zeit und male
nicht. Ich zeige nicht, sondern souffliere. Und doch versuche ich in dem kreisförmigen Bild des *Formel-Worts*
der *Analytischen Psychokatharsis* solch einen Effekt zu
erzielen, der Sprechen und Blicken in einem Punkt zu-
sammenführt, der exakt diesem Daten generierten Sehen
entgegengesetzt ist hin zum Flackernden, Oszillieren-
den, das gleichzeitig zu den geheimnisvollen Buchstaben hinleitet, wenn ich es so malerisch, so unverfroren
und dreist sagen darf. Man ,sieht' mit dem Sprechen
nicht so scharf und präzise, das Bild, der Blick, vermittelt zwar scharfe Eindrücke, kann aber nicht die Wahr-

heit sagen, die es im Schirm, im Fleck verstecken muss. Das schließlich in der Mitte der letzten Abbildung oben stehende Gebilde aus Bild und Schirm vermittelt einen Kompromiss, das Sehen durch einen leichten Schleier, durch eine kaum wahrnehmbare Maske, als sei es eine Ozelle oder nur der Lichtpunkt per se.

Beim im Kreis geschriebenen *Formel-Wort* tönt aus seiner Mitte genauso wenig definitiv heraus: „Ich bin das oder das! Sonne oder Fleck". Es ist nur die Freud'sche ,Vorstellungsrepräsentanz', die erscheint und die *unverständlich* sein kann. Auf jeden Fall ergeht es dem Sehenden schlecht, wenn der Lichtblick, das Licht-Luzide zu gering, zu sehr Fleck, oder zu stark, zu betont ausfällt, sowohl hinsichtlich des Angeblickt Werdens wie auch des zu begehrlichen Hinausschauens. Es schaltet sich automatisch der Schirm, der Fleck, der Dimmer ein (Psychoanalytiker sprechen diesbezüglich vom Kastrationskomplex, weil zu viel Lust unerträglich ist und somit ausgeblendet werden muss). Der blinde Fleck, der sonst als ein Negativum gilt, weil man etwas zu deutlich übersieht, ist jedoch auch ein Hilfsmittel, wenn der Trieb hemmungslos, allsichtig zur Wirkung kommt. Völlige Nacktheit begeistert und belebt nicht so sehr wie etwas, das hinter einem sanften Schleier verborgen und doch ein ganz klein wenig enthüllt ist. „Selbst auf der Ebene der phänomenalen Erfahrung der Kontemplation blitzt diese Allsichts-Perspektive auf in der Befriedigung einer Frau, die sich betrachtet weiß, vorausgesetzt, dass man es ihr nicht zeigt".[60]

Inspiriert durch Lacans Blicktheorie, in der er die Malerei oft auch als Augentäuschung und Blickzähmung beschrieb, lässt sich sagen, dass die meisten Maler die Schirm- und Fleck-Funktion kennen. Zum 250gsten Geburtstag des romantischen Malers Caspar David Friedrich erwachen die Geister in den kalten Glas-Beton-Städten wieder zur vollkommenen Stille, von der der Autor einer neuen Biographie des Malers schreibt, dass dessen Bilder nicht sprechen, sondern nur flüstern, „es ist ein einzigartiger Zauber der Stille, die über jedem einzelnen von Friedrichs Bildern liegt", auch gerade über solchen, die das Meer zeigen (z. B. Das Eismeer oder Mönch am Meer).[61] Das erinnert wieder stark an Pyrrhons ‚Meeresstille', die vor allem dadurch imponiert, dass diese gewaltige, ungeheure Masse an Flut, Wasser und ozeanischer Macht auch lautlos bebend und säuselnd flüstern kann.

Und weiter schreibt Illies: „Die Natur hält kurz inne, . . wenn Friedrich sie sieht, sie hält den Atem an für ihn, beim großen Gehege, im Elbsandsteingebirge, oder am

---

[60] Lacan, J., Seminar XI, Die vier Grundbegriffe der Psychoanalyse, Walter-Verlag (1978) S. 81

[61] Illies, F., Die Erfindung der Sehnsucht, DIE ZEIT vom 26. 10. 2023, S. 52-53

Kreidefelsen von Rügen – und das macht auch die Figuren stumm, die in seinen Bildern vor ihr stehen oder durch sie wandeln. Es fällt kein Wort. Stattdessen: Andacht, Wundern, Ergriffensein. Und auch uns Betrachtern bleibt überhaupt nichts anderes übrig: Die Sehnsucht, die Caspar David Friedrich erfunden hat, ist glücklicherweise nicht heilbar". Wundern, Ergriffensein, das war doch bei Nasio der Einschlag des Signifikanten und bei Pyrrhon die Ataraxie. Doch halt, ich bleibe nochmals bei C. D. Friedrich, dem tiefromantischen Maler des frühen neunzehnten Jahrhunderts.

Denn der Dichter R. M. Rilke soll angesichts des Bildes von Friedrich ‚der einsame Baum' und hinsichtlich dessen Naturdarstellung gesagt haben: ‚Und wie dein Wille ihren Sinn begreift, lassen sie deine Augen zärtlich los'. „Immer wieder versucht jede Zeit", schreibt Illies, „den Sinn von Friedrichs Bildern zu begreifen – und doch müssen ihn die Augen irgendwann ‚zärtlich' loslassen, denn erst dann, wenn der Wille zum Begreifen besiegt ist, haben wir überhaupt eine Chance, das Geheimnis von Fridrichs Kunst zu verstehen". Das ist jetzt doch der Moment der Pyrrhonschen Ataraxie, der fast melancholischen Gemütsverfassung, der Entrücktheit, wie sie ja auch die Mystiker aller Zeiten gekannt haben. Oder nicht?

Gibt es die moderne Möglichkeit außerhalb der Betrachtung der Gemälde von Caspar David Friedrich, der öfter gesagt haben soll „alles ist Stille, alles", so etwas auch für heute noch spürbar zu machen? „Friedrich atmet die Natur ein, um sie als Kunst wieder auszulassen", schreibt Illies. Friedrich lebte zurückgezogener als Pyrrhon, malte meist nur in der Morgen- oder Abenddämmerung, um möglichst keine Menschen zu treffen. Bloß nicht zu viel von der Welt verstehen, nicht zu ernsthaft etwas über sie nachdenken oder gar sagen. Auch die Heilige Theresa von Avila war dieser Auffassung: „Es ist zu lehren, wie man nicht versteht", sagt sie. So dachte auch Lacan, wenn er meinte, ihm zuzuhören, auch wenn man nicht viel versteht, aber merken, dass trotzdem an dem Gesagten etwas dran ist, lässt einen nicht einschlafen, was eher passiert, wenn man alles versteht, weil man's ja schon kennt.

Wie eingangs gesagt heißt Ver-Stehen, sich nur in eine passende Position, in einen Stand-, Stehpunkt zu bringen, ein ‚auribus percipere', nur mit den Ohren sehen, mehr nicht. Dagegen macht ein Spüren mit den Händen, ein Begreifen ohne Kopflastigkeit, ein Erfühlen abgeschirmt von all dem Kram, den die Industrie-Magnaten, die KI-Leute und die Polit-Tyrannen von heute ständig produzieren, die Kognition mit der Seele, das wirklich gut mit dem Herzen sehen möglich. „Wenn er den Himmel malt", so sagte Friedrichs Frau Caroline, „dann darf man ihn nicht stören, das ist für ihn wie Gottesdienst", ein basales Erkennen der innersten Natur. So etwas können wir heute nicht mehr, und doch, ich will es sogar mit der Wissenschaft versuchen, die Ataraxie zu malen, zu signifikantisieren, zu meditieren, zu . . .

Und so zum Schluss dieses Kapitels kurz zurück zu Saint-Exupéry und dem Schluss seines Buches. An weiterer Stelle im ‚Kleinen Prinzen' sagt er, dass es sprachliche Regelungen, Festlegungen braucht, die den Takt, den Rhythmus des Herzens, mit dem man gut sehen kann, mitbestimmen. „Wenn du irgendwann kommst," sagt der Fuchs zum kleinen Prinzen, „kann ich nicht wissen, wann mein Herz da sein soll . . . es muss feste Bräuche geben." Es muss Verbindlichkeiten geben, die die Begegnung der Herzen regeln. Solche Verbindlichkeiten können sogar dazu führen, dass der Blick des Herzens selbst sein Inneres gut sehen kann, sein eigenes „sich sehen machen", wodurch es auch der Selbstsublimierung (Verfeinerung, Erhebung des eigenen Selbst) dient und zur Selbstenthüllung, zu eigenen „sich hören und sprechen machen" beiträgt. Genau von einer derartigen verfeinerten Perspektive aus richtet sich der Blick des Saint-Exupéry'schen Herzens nicht nur nach überall hin, sondern versucht auch noch etwas zu sagen.

Saint-Exupéry lässt dieses Etwas aus den Dialogen anklingen, die mit dem kleinen Prinzen, der Schlange, dem Fuchs und anderen entstehen. Zu Tage kommen sehr anheimelnde, humanitäre Aussagen wie z. B. auch die, dass man „zeitlebens für das verantwortlich ist, was man sich vertraut gemacht hat." Alles klingt lieblich und mystisch. Aber der Kleine Prinz konnte nicht sagen, wie man sich dieses so wichtige ganze, mittige Herz, das obere und untere, innere und äußere zusammen, erwerben, erlernen und erarbeiten kann. Für ihn war es mystisch gegeben, und da er spürte, dass er das Herz auf diese Weise gar nicht ganz vermitteln könnte, ließ er sich von der Giftschlange, die ihm schon anfangs ihre letzte Hilfe angeboten hatte, beißen und verschwand.

Ich fand diesen Ausgang von Saint-Exupérys Geschichte eigentlich nicht gelungen, nicht schön, auch nicht psychologisch überzeugend. Es ist ein Märchen, für Kinder und Erwachsene gleichermaßen geeignet. Aber eben nur ein schönes Märchen mit einem etwas befremdlichen Ausgang, denn dass man Gift braucht um nach Hause zurückzukehren ist nicht das Ideale. Aber es schildert genau den Ausgang von Saint-Exupérys Leben, das Gift, das er in den Frauen hinterlassen hat, und das Märchen vom Fliegen, das er dann auch noch ganz schlecht hat ausgehen lassen.

„Liebe gibt es nur zu einem Namen", meinte Lacan aus diesem Grunde. Einen Fuchs zu lieben, einen Prinzen, das alles allein genügt nicht, man muss dieser Liebe auch eine Zähmung mitgeben und eine sanfte, kleine, behutsame Regel. Wir zähmen nämlich immer nur andere, nicht uns selbst, und so könnte man das Märchen ergänzen: nur wer gut gezähmt ist, hat auch etwas zu sagen. Nur wer genug gedimmt wahrnimmt, weiß, worum es im Leben geht. Die meisten Menschen sind nicht gut genug gezähmt und gedimmt, schon gar nicht sind es die herkömmlichen Wissenschaftler, um die es mir in der Gegenüberstellung zur Subjekt-Wissenschaft der *Analytischen Psychokatharsis* hauptsächlich geht. Von den Politikern, den Machtmenschen gar nicht zu reden. Aber mit der herzensguten Mystik oder Romantik früherer Zeiten funktioniert die Zähmung heute auch nicht mehr. Solch eine sanfte, zarte, aber auch wissende Stimme, wie der Fuchs und der Prinz sie haben, ist – in neuer Form – notwendig.

7. Identitäts- oder *Pass-Worte*

Genau dies ist mein Vorhaben, die sanft flüsternde Stille
der *Pass-Worte* zu lernen, was nach Pyrrhonschem Vorgehen oder Friedrichscher Bildbetrachtung aussieht, und
wovon ich nur voreilig und ungenau geschrieben habe.
Ich muss also weiter und besser erklären, warum sie
geflüstert und von Stille umgeben sind. Die *Pass-Worte*
können nur mit dem inneren Ohr gehört werden, und
das ist bekanntlich ziemlich leise. Aber in der ‚Meeresstille‘, wenn es außen sehr ruhig und geräuschlos zu-
geht, kann man es gut wahrnehmen. Das kann durch
jede Meditation erreicht werden, wobei man davon
spricht, dass in länger dauernder Stille, vor allem aber in
einem Schall geschützten und schallschluckenden
Raum, die Stille zu dröhnen anfangen kann. Für die
Analytische Psychokatharsis genügt es, wenn sie flüs-
tert.

Nun ist genau dafür die *Analytische Psychokatharsis* ein
erleichterndes Werkzeug. Denn man sitzt bei ihr in einer
Meditation zwischen dem bereits gezeigten, nichts sa-
gendem *Formel-Wort* und dem noch zu zeigenden *Pass-
Wort*, das in einer zweiten Übung der Meditation wie in
der Psychoanalyse eine Deutung bietet. Dass ein nichts-
sagendes formales Wort das Unbewusste am meisten
provoziert, eine Aussage, also etwas in ihm nach außen
Drängendes herauszugeben, habe ich anhand der
Freud'schen Versprecher erklärt. Deshalb sind die *For-*

mel-Worte ideal dafür, das Subjekt sichtbar und hörbar zu machen, es zu seinem ,sich sehen und hören machen' zu bringen. Diese Hinführung findet einen definitiven Ausdruck im *Pass-Wort*, für das ich ein Beispiel in diesem Kapitel geben will.

Was Pyrrhon mit seiner Ataraxie, seiner Glückseligkeit erreichen wollte, oder was Menschen in einer Meditation erfahren und in einer Psychoanalyse gedeutet wissen wollen, kommt durch solch ein Identitäts- oder *Pass-Wort*, das durch das nach innen bzw. in eine hypnoide, meditative Verfassung gehen, zustande. Ohne dieses in sich ganz zur Ruhe gekommen Sein, wird es nicht erreicht. In diesem Sinne war auch Lacan ein Anhänger Pyrrhons, denn er ließ seinen Gedanken freien Lauf, entledigte sich also allem Zwang, hielt sich an Einschränkungen, was nicht heißt, dass er nicht voll intellektueller Zusammenhänge, voll vieler innerer Einsichten und Literaturkenntnisse war.

Ein Zeichen, dass er Pyrrhoneer war, besteht auch darin, dass er sich zwar nicht vor bissigen Hunden fürchten musste, aber vor roten Verkehrsampeln. Sein Schwiegersohn, Jacques A. Miller schrieb in einer Broschüre über Lacans Spleen, rote Ampeln im Straßenverkehr um fast jeden Preis zu vermeiden.[62] So soll ihn seine Toch-

---

[62] Miller, J. A., Vie des Lacan: Écrites à L'Intention de L'Opinion Éclairée (2011)

ter einmal von Italien bis Stockholm mit nur einem Aufenthalt vor einer roten Ampel gefahren haben. In Paris stieg er als Beifahrer oft vor einer solchen Ampel aus, ging um die Ecke, stieg wieder ein und ließ sich weiterfahren. Wie er als Selbstfahrer durch Frankreichs Hauptstadt gekommen ist, ist nicht bekannt, aber die Sache weist ihn als klassischen Pyrrhoneer aus, sich nichts vorschreiben zu lassen und in der Ataraxie zu verbleiben. Und dafür stehen auch die *Pass-Worte*.

Wie die psychoanalytischen Deutungen säubern sie und erleichtern so das Unbewusste. Die in der ersten Übung der *Analytischen Psychokatharsis* erreichte Ataraxie, Katharsis, Befreiung führt in einem zweiten Vorgang, nämlich in dem nach Innen Hören, zum Auftreten solcher unbewusster Gedanken, die ganz im Freudschen, aber auch im Pyrrhonschen und Lacanschen Sinne gedeutet werden können. Dazu muss man sich freilich ein bisschen belesen, bilden, informieren. Ich sage ein bisschen, es muss halt so viel sein, dass man von der Wissenschaftlichkeit überzeugt ist. Dazu gebe ich am Schluss des Buches auch noch ein paar Literaturempfehlungen. Aber vorher noch ein Beispiel für die *Pass-Worte*.

Ich denke, ich kann sagen, dass *Formel-* und *Pass-Wort* sich wie zwei Subeinheiten dessen ausnehmen, das man als Einzelner, als Subjekt seiner selbst, kathartisch zu erfahren (,sich sehen machen') und analytisch zu hören bekommt. Das *Pass-Wort* folgt ja dem Drang zur „Wiederkehr des Verdrängten", wie Freud sagte, dem Drang ‚sich hören zu machen‘, sich die Deutung zu geben, die Interpretation des Unbewussten, die die Wahrheit über die eigene Identität enthält. Jeder Einzelne ist das Zentrum der Welt, nichts und niemand sonst kann einem sagen, wer man ist, man muss es nur selbst in Besitz nehmen und entsprechend gut verwalten. Auch der Psychoanalytiker kann einem nicht mehr sagen als das sehr gut aus den freien Assoziationen des Patienten erspürte, logisch herausgehörte, unbewusste Bereiche durch Deutungen erfasste. Aber ins Herz und in den Intellekt des Einzelnen hinein kann er wegen des erwähnten Nicht-Repräsentierten und wegen des oft *Unverständlichen* nicht wirken.

Wenn die erste Übung der *Analytischen Psychokatharsis* den Höhepunkt an Entspannung, Lichtung (wörtlich gemeint im Sinne einer Luzidität, einer Helligkeitswahrnehmung, Oszillation als primären Ausdruck des Erscheinungs-Wirkenden), also der Katharsis erreicht hat, kommt es oft spontan dazu aus dem wortwirkenden Bereich einen Ton, Sprachlaut, ein Murmeln wie beim Rauschen des Textes oder gar einen Satz herauszuhören. Wenn nicht, muss man in einer zweiten Übung sich auf solch einen Ton oder Klang konzentrieren, der ja immer als Primäres des rudimentären Sprechens, Sprechtriebs, vorhanden ist. Es geht also um einen ‚Ton‘ bis hin zu einem ‚Gedanken hören‘, um das

„sich hören machen", das durch die Anwendung der *Formel-Worte* provoziert worden ist. Vor langer Zeit kam mir beispielsweise solch ein *Pass-Wort* zu.

Ich wandte die zweite Übung mit dem nach innen Hören an, als ich wie von weit her, aber doch wahrnehmbar, ja tatsächlich wie geflüstert, wie gehaucht, vernahm: „Er ist an der Spitze der man." Wer er? Und ‚an der Spitze welcher man? Vielleicht ist es narzisstisch oder geltungssüchtig, wenn ich das ‚auf der Spitze' auf mich anwende. Aber es ist natürlich Sinn und Zweck der Übung, so wie ja auch die Deutungen des Therapeuten, sich auf den Betreffenden zu beziehen. Ich wand also den so vernommenen Satz sofort auf mich selbst an, wobei ich das **a** als das ‚Objekt' des Begehrens im Wort **man** nunmehr fett gedruckt und so von **man** geschrieben habe.[63] Sicherlich, ich war in dieser neuen Phrase an der Spitze, aber doch nur an der Spitze der **man**'s, der neutralen, unpersönlichen und farblos bleibenden **man**'s, dachte ich mir.

Und doch war dieses *Pass-Wort* Ausdruck eines in mir selbst verdrängten Begehrens. Da ist nichts zu beschönigen, vielleicht sind alle meine Triebe nur **man**'s, vielleicht sind es meine Leser, von denen ich die meisten nicht kenne, weil wir zueinander nur **man**'s sind. Doch

---

[63] Ich schreibe es so mit dem *a* des Lacanschen Begehrensobjekts, weil genau diese Bedeutung im ‚man' steckt.

eventuell ist das auch gut so, ich liebe meine man's, und dies vielleicht auch nur deswegen, dass sie mir nicht als ein jemand zu nahe rücken und mich trotzdem an ihrer Spitze lassen? Beim Deuten sollte immer an Ödipales oder Rücksichtsloses gedacht werden, das man bei sich nicht wahrhaben will, aber glaubt, es darin gut versteckt zu haben.

Ödipal heißt, dass ich mich an der Spitze der Mann's, der Männer in meiner Familie, vielleicht sogar immer noch meiner Herkunftsfamilie sehe, also noch höher als der Vater beispielsweise. Aber auch vielleicht an der Spitze meiner psychoanalytischen Kollegen, von denen ich sage, dass sie doch alle nur im Klüngel Verein ihrer Fachgesellschaft sitzen und nichts Neues auf den Weg bringen? Lacan nannte die psychoanalytischen Ausbildungsinstitute auch Geheimgesellschaften wie die Freimaurer, weil sie sich bereits durch ihre Fachausdrücke und ihre Schwerpunkte hinsichtlich Übertragung und Deutung innerhalb der psychoanalytischen Wissenschaft auch untereinander ein- und abgrenzen.

Es ist nicht immer leicht zu sagen, was das *Pass-Wort* genau bedeutet, aber der Kern der Aussage ist meist klar. In meinem Beispiel liegt offensichtlich in dem Phänomen, an der Spitze von man's zu sein, von zahlreichen gleichen, nicht viel bedeutenden man's, von Allerwelts-Leuten, was selbstverständlich auch die Spitze herabwürdigt, ja die ganze Lächerlichkeit dieser Spitze heraushebt, das Problem. Trotzdem war ich über dieses *Pass-Wort* erfreut, es kommt nicht alle Tage vor, unmittelbar aus sich heraus etwas zu hören, das einen betrifft, denn es handelt sich hier doch auch um den *Anderen* in mir, der mir das sagt, was all die mir Gleichen nicht sagen oder wohl auch gar nicht sagen können. Es kann doch nur gut sein, so persönlich eine Wahrheit zu vernehmen, auch wenn sie von einem ehrlich gedeutet werden muss. Manchmal ist sie jedoch auch, wie Freud es selbst von manchen Träumen sagte: vom Blatt weg ablesbar.

„Das *Man* entlastet das jeweilige Dasein in seiner Alltäglichkeit. . . . Das *Man*, mit dem sich die Frage nach dem *Wer* des alltäglichen Daseins beantwortet, ist das *Niemand*, dem alles Dasein im Untereinander Sein sich je schon ausgeliefert hat. . . Das *Wer* ist das Neutrum. . . Jeder ist der Andere und keiner er selbst."[64] Ich könnte begeistert aus dem Kapitel III, 27 von Heideggers Buch zitieren, das endlos um diese Nichtung des eigenen Lebens durch die Konformität der **man**'s, denen man selbst angehört, kreist. Nur durch die Angst und den Scheintod des *Selbst* hindurchzugehen, ermöglicht oft das eigene Sein bei der Überwindung von zu viel **man**.

---

[64] Heidegger, M., Sein und Zeit, Niemeyer Verlag (1963) S. 126-129

So ganz schlecht sind die man's aber nun auch nicht, denn „das *eigentliche Selbstsein* beruht nicht auf einem vom *Man* abgelösten Ausnahmezustand des Subjekts, sondern *ist eine existenzielle Modifikation des Man als eines wesenhaften Existenzials*," schreibt Heidegger weiter. Man muss das man nur richtig anwenden, dann kann man auch an dessen Spitze stehen, sagte ich mir zusätzlich.

Ich muss mich also zufrieden geben, an der Spitze einer gewissen nicht allzu sehr persönlichen aber doch existenziell wertvollen Menge zu stehen. Ich muss einsehen, dass ich nicht mit jedem eine enge, bedeutende und mich selbst stützende Beziehung haben kann. In Wirklichkeit sind die man's ja selbst eigenständige Personen, und sie sollen ja noch mehr zu sich selbst und zu anderen die wichtigen Beziehungen mit Hilfe eines Verfahrens aufbauen, das jeder andere hätte auch erfinden können. Seit Lacans Psychosemiotik lag so etwas in der Luft, eine Methode zu entwickeln, die wie der ‚linguistische Kristall' der *Formel-* und *Pass-Worte* verwendet werden kann. Aber eines – so glaube ich doch wohl zurecht – vermittelt mein Beispiel, nämlich wie kurios, wie ‚anders herum', wie seltsam einfallsreich das Unbewusste aus seinem tiefsten Kern heraus sich ausdrückt.

Kein Schriftsteller würde je auf solch einen Satz kommen, der manchmal so klingt wie das Delphische Orakel, das man ja stets auch noch deuten musste, um seine endgültige Wahrheit zu erfassen. Doch die *Pass-Worte* kommen oft wie ein ‚Es Verlautet‘, ‚Es *Spricht*‘, (auch wenn es zum Beginn der Übungen lange nur bei einem Ton, Laut, Klang bleibt) zur Geltung. Damit stehen sie wieder der Früherfahrung des Erscheinungs- und Wort-Wirkenden nahe. Solch eine Phrase wie die ‚Spitze der man‘, die man schnell versteht, oder andere, die in den Ohren monadisch nachklingen, bringen auch ein Stück der Vereinigung der Subeinheiten zustande, auch wenn es sich erst um eine nicht lange anhaltende Eins handelt, es sein denn man macht Wissenschaft aus ihr. Deswegen bringe ich zum Schluss dieses Kapitels nochmals das Beispiel eines *Pass-Wortes*.

Eine ähnliche Praxis glaubt auch der Traumaforscher B. van der Kolk zu beschreiben, dessen Buch in Amerika millionenfach verkauft wurde, was nichts heißen muss.[65] Doch van der Kolk schildert zehn, zwanzig Therapieformen, mit denen man die tiefen traumatischen Verletzungen im Gegensatz zu den Neurosen behandeln muss. Traumata sind Subeinheiten der menschlichen Lebensbedingungen im Rahmen der Neotenie, des viel zu früh Geboren Seins, und des Schnitts, wie Nasio ihn

---

[65] Van der Kolk, B., Das Trauma in Dir, Ullstein (2023)

als den zwischen psychisch Repräsentierten und Nicht-Repräsentierten, als das *Unverständliche* verursachend beschreibt.[66] Van der Kolk ist jedoch ein Anhänger der EMDR-Therapie (Eye Movement Desensitation & Reprocessing), bei der man mit dem Finger dreißig Zentimeter vor dem Gesicht des Patienten herumschwenkt.

Man muss wohl kein Psychoanalytiker sein, um darin nicht eine sexualisierte Retraumatisierung zu erkennen. Der dicke Finger ist ein Phallus-Symbol, der Patient soll seiner Bewegung folgen, darf aber nichts sagen und so kommt es bei ihm natürlich zu einer Reaktion, die das Trauma wieder in einer anderen Form als ursprünglich weckt, so dass er erneut verdrängend, wenn auch irritiert Erinnerungen hat, von denen er danach berichten kann. Man könnte dem Patienten auch eine Ohrfeige geben, auch danach würde er, wenn er erst nichts dazu sagen darf, danach Erinnerungen haben, über die er mit dem Therapeuten reden kann. Aber ist das Therapie? Das Trauma wird nur in ein anderes Trauma verschoben, wonach nicht es selbst, sondern nur die Verschiebung besprochen werden kann. Dass dabei etwas passiert ist klar, aber unpassend.

---

[66] Der Mensch kommt wesentlich unreifer auf die Welt als die Tiere. Schon sein Erscheinungs-Wirkendes ist also beschaffen wie ein ‚cops morcelee', wie ein ‚stückweiser Körper', so Lacans Formulierung. Und dazu kommt noch die Sprache, die den Menschen also in Erscheinungs- und Wort-Wirkendes teilt.

Unter den von Van der Kolk favorisierten Therapieformen sind auch bestimmte Selbstgespräche, die in der
Lage sind, Tiefenseelisches aufzudecken, was mir ein-
leuchtender erscheint als die Finger-Therapie. Freilich
sind damit nicht taghelle Selbstunterhaltungen gemeint,
die jeder mal so hat. Es handelt sich vielmehr um vom
Therapeuten angeregte sprachliche Selbstregulationen,
wie sie van der Kolk empfiehlt oder auch „unwillkürliche Selbstgespräche", wie sie zum Beispiel vom Literatur Nobelpreisträger P. Handke bekannt geworden sind.
Noch bevor er den Nobelpreis für Literatur erhielt wurde Handke im November 2019, noch vor der Preisver-
leihung von P. Kümmel, einem Redakteur der Wochen-
zeitung DIE ZEIT, besucht.[67]

Dabei sprachen die beiden darüber, dass Handke in seinen Tagebüchern häufig den Ausdruck ‚u. S.' eingetra-
gen habe. Das sei eine Abkürzung für ‚unwillkürliche
Selbstgespräche', meinte Handke. Es gehe da um Gedanken, die ihm spontan, sozusagen ohne Vorwarnung
kommen. Es handelt sich nicht um einen bewussten,
linear gedachten Vorgang, um bewusstes Nachdenken.
Ein willkürliches, absichtliches Selbstgespräch führen,
wie gesagt, wohl die meisten Menschen wenigstens
kurzfristig bei oder nach aufregenden, emotionalen und
bewegenden Vorfällen. Dabei spielt man etwas bewusst

---

[67] Kümmel, P., Was bedeutet ‚u.' ‚S.' ?, DIE ZEIT vom 2. 12. 2019,
S. 44

durch, indem man zu sich redet und einen imaginären Zuhörer unterstellt. Bei einem ‚unwillkürlichen Selbstgespräch' handelt es sich aber um etwas ganz anderes.

Man befindet sich hierbei in einem leicht versonnenen Zustand, in dem vielleicht ein paar Erinnerungen auftauchen, blasse Reminiszenzen, auf keinen Fall irgendwelche besonderen, konkreten Gedanken. Doch plötzlich verhält es sich so, als sei man in einer selbstgemachten Meditation, Das heißt, sie ist nicht völlig selbst-, also ich-gemacht, sondern subjektgemacht, aus Einfällen und Anregungen des Unbewussten her erstellt, wobei freilich die Tatsache, dass es sich in diesem Fall um einen etablierten Dichter gehandelt hat, eine zudem wichtige Rolle spielt. Handke musste nicht damit rechnen, dass er durch seine "unwillkürlichen Selbstgespräche" schizophren wird, auch nicht neurotischer als er ohnehin schon war, wie mit der Geschichte von der Esche am Siegestor in München angedeutet ist.

Möglicherweise kommt bei einem derartigen Selbstgespräch ein halbes Wort ins Bewusstsein, das sich plötzlich in einen halblaut wahrgenommen Gedanken verwandelt, der befremdlich klingt, einem wie von weit her zukommend und dann doch klar aufgenommen und mit einem nunmehr bewussten Gedanken konfrontiert werdend erscheint. Schließlich muss man ja solchen halblaut wahrgenommenen Gedanken irgendwie antworten, insbesondere, wenn dieser unwillkürlich, also wie fremd oder von wo anders her artikuliert wurde. Denn man hat diesen Gedanken dann bereits als einem zugehörig erfasst. Er betrifft einen, er geht einen an. Es ist kein nüchterner, lebloser, uneigentlicher Gedanke. Er ist sogar wesentlich und wichtig, weil aus dem Unbewussten gekommen.

Das ist wohl auch bei kleinen Kindern der Fall, die abends – nachdem sie ins Bett gebracht worden waren – oft Monologe führen, die sie sofort unterbrechen, wenn jemand wieder ins Zimmer kommt. Klar, man will mit sich reden, auch wenn diesbezüglich bei den noch ganz Kleinen keine ganzen und syntaktisch richtigen Sätze vorkommen. Aber man plappert sich halt den Frust von der Seele, man quasselt und brabbelt genau in der Art, wie man es als Kind von den Erwachsenen her gehört hat. Verständnis ist dabei nicht notwendig, oft verstehen ja die Erwachsenen selbst nicht, was sie sagen. Das Rauschen, stammeln bewirkt mehr, denn es ist eine Einstimmung in das Gerede als solches, eine Einstimmung in den allgemeinen Diskurs, die beruhigt, vorausgesetzt sie kommt auch verbindlich, also nicht chaotisch, streit- und krawallbezogen herüber.

Auch von Pyrrhon sind solche spontanen, fast an Glossolalie erinnernde Selbstgespräche bekannt. Er soll des Öfteren bei einem Dialog mit einem anderen Philosophen noch lange weitergeredet haben, auch wenn dieser schon weggegangen war. Das tat er – ob willkürlich oder unwillkürlich – und erreichte dadurch sogar ein besseres Resultat, als wenn er mit dem anderen Philosophen noch länger diskutiert hätte. Es erinnert daran, dass nach langen Diskussionen, die man irgendwo hat, erst zu Hause die guten Gedanken kommen, die hätten gesagt werden sollen: Pyrrhon sagte sie sich selbst gleich laut vor. Mit Sicherheit wäre es gut, wenn Parlamentarier ihre Debatten ebenso beenden würden, wenn sie zu lange dauern, kommt nicht mehr zustande, im Gegenteil, es wird nur laut, schrill und lästig. Sie könnten dann in ihren Diensträumen zu den Wänden hin weiterreden.

Ich glaube, ich habe mit den letzten Absätzen schon einigermaßen erklärt, was *Pass*- bzw. Identitäts-*Worte* sind. Sie haben natürlich mit der unbewussten Identität zu tun, sie verschaffen eine große Beruhigung, auch wenn sie nicht ganz in den normalen, alltäglichen Diskurs klar eingebettet sind und oft auch nicht sofort verstanden werden oder gar eine unangenehme Wahrheit verraten. Aber dass *Es* in einem *Spricht*, wie Lacan sagt, Ça parle dans l'inconscient" (Es, das Freud'sche Es, das Subjekt spricht im Unbewussten), hat eine betörende Wirkung. Es gibt freilich Menschen, die auch ohne Meditation sagen, dass sie Stimmen hören, die also, so könnte man sagen, in gewisser Weise sich selbst hören können. Die meisten wehren sich jedoch dagegen, dass dies etwas Pathologisches sei. Wie I. Stratenwerth in ihrer Analyse dieses Phänomens zeigt, gehört zur Pathologie des Stimmenhörens tatsächlich noch eine Menge anderer Symptome.[68] In dem Verfahren der *Analytischen Psychokatharsis* wird jedoch das nach Innen hören durch die *Formel-Worte* in sicherer Form gehalten, man weiß hierbei, was man tut, indem man logisch nachvollziehen kann, wie das Verfahren aufgebaut ist, und wie ich es durch alle diese zusätzlichen Geschichten und Schilderungen noch weiter begründet zu haben hoffe.

Dazu findet sich in der auf der nächsten Seite stehenden Abbildung nochmals ein anderes *Formel-Wort*, das man rein in Gedanken reverberierend mit anderen *Formel-Worten* hintereinander wiederholt meditieren kann. Es handelt sich also um Formulierungen, die in einem einzigen Schriftzug mehrere Bedeutungen in sich tragen und somit eigentlich manchmal unsinnig, ja eine Art Leerformel sind, da man sich keine isolierte Bedeutung heraus picken kann oder soll (Abbildung unten, wo die Formulierung ENSCISNOM oder SCISNOMEN, egal wie man es nennt, aus der lateinischen Sprache im Kreis geschrieben ist). Die dazugehörigen sich überlappenden Bedeutungen sind in der Fußnote aufgelistet (sie dienen nur der verständlichen Begründung, können als einzelne nachher wieder vergessen werden.[69]

---

[68] Stratenwerth, I., Stimmen hören, Botschaften aus der inneren Welt, Piper (1999)

[69] Die einzelnen lauten in diesen Fall: ENS, das Sein, CIS, diesseits, NOM, (Abkürzung für) Name, lesen, also ‚das Sein dies-

Doch wie das Unsinnige im Traum und in Handkes Text
einen versteckten Sinn hat, so haben diese Formulierungen eine besondere Wirkung im Unbewussten, denn
sie enthüllen ihren rein f o r m a l e n Sinn schon vorher,
bahnen aber dadurch eine Antwort oder besser: Entspre-
chung an, die eine sinnvolle oder
bewusst gemachte Formulierung
niemals bewerkstelligen könnte.
Eine solche würde nur eine Fortsetzung der vorhandenen rätselhaften

Sinnwirkung ergeben, eine bewusste Weiterführung des
alltäglichen Geredes. Dem Unbewussten aber eine Antwort, zumindest aber eine Erwiderung zu entlocken,
wird einen therapeutischen Effekt haben, und hat daher
größere Bedeutung. Es erweckt den/das *Andere(n)* in
einem selbst. Nur mit ihm zusammen kann die *unverständliche* Vorstellung eine *verständliche* werden, mit
der man sich auseinandersetzen kann.

---

seits des Namens'. Man kann aber auch beim S beginnen und
SCIS NOMEN lesen: du weißt den Namen. Geht man einmal
vom C aus, liest man CIS NO, MENS, ich schwimme diesseits,
oh Geist, von M oben links aus, so heißt MENS CIS NO, der Gedanke diesseits, innerhalb von No (vom Nein), vom O ausge-
hend OMEN SCIS N, du kennst das Omen N, und C IS NOMEN S,
hundert dieser Name S, usw. Auch wenn einzelne Bedeutungen
kauzig sind, sind es doch grammatisch und syntaktisch klare
Aussagen.

Lacans *Anderer*, l'*Autre*, meint nicht einen anderen, der dem, der man selbst ist, irgendwie gleicht. Es betrifft vielmehr den unbewusst *Anderen*, den bedeutenden *Anderen*, den ich schon eingangs mit dem uralten Gewissen verglichen habe. Doch das Gewissen ist seit Freud eher ein Über-Ich, während Lacan bezüglich des *Anderen* sagt: „Çà parle dans l'inconscient", ‚Das' wird ins Deutsche stets als Er übersetzt, und so versteht man unter l'*Autre* besser das erscheinungs- und wortwirkende Unbewusste, das einem selbst einen Wahrheitsspiegel vorhält, aber auch etwas dazu sagt. Exakt dieser Spiegel und dieses Sagen werden durch das rein F o r m a l e der *Formel-Worte* (das Es *Spricht*) provoziert, ihr Unbewusstes, ihr Spezielles herauszugeben.

Die oben stehende Abbildung vermittelt also erneut eine derartige Formulierung aus der lateinischen Sprache, die von verschiedenen Buchstaben aus gelesen verschiedene Bedeutungen aufweist. Immer wieder an anderen Stellen ist die Formulierung geschnitten und erzeugt so viele verschiedene Bedeutungen, die man gut als Subeinheiten definieren kann. Selbst wenn manche unsinnig klingen, wichtig ist ja nur, dass sie semantisch und syntaktisch klare Aussagen sind, die jetzt umgekehrt wie Hofstadters Subeinheiten nicht unlogische Anagrammatismen sind. Die Verrutschungen bestehen bei den *Formel-Worten* an den Schnittstellen, an den Interfaces, wie man sie in der Computertechnik nennt, und die durch ihr

Formales mehr als nur eine Bedeutungs-Charakteristik haben.

Sie treiben die *unverständlichen* Vorstellungen in die Richtung einer wenigstens einigermaßen verständlichen Aussage. Diese wird durch kein sonstiges meditatives oder allgemein psychotherapeutisches Verfahren erreicht. Ich muss das stets so betonen, damit man verstehen kann, wozu alle meine essayistischen Bemerkungen in diesem Buch dienen.

8. Psychosomatik

Ich muss noch etwas zur *Analytischen Psychokatharsis* als therapeutisches Werkzeug für sogenannte somatoforme oder psychosomatische Erkrankungen sagen. Einige der komplizierteren und problematischen Krankheiten dieser Art sind das MCS (Multiple Chemikalien-Sensibilität), das ME (Myalgische Encephalitis), das CFS (Chronisches Fatigue Syndrom) um ein paar Beispiele zu nennen.

Ich verstehe diese Krankheiten erneut als eine Redundanz, ein ‚weißes Rauschen‘ im Immunsystem – oder besser im System überhaupt, wenn man das, was früher ein durch Gott und andererseits durch eine naturwissenschaftliche Ordnung geregelt war, so nennen darf. Es hat mit dem zentralen Nervensystem zu tun, aber eben auch mit dem psychisch Unbewussten und darüber hinaus zudem häufig mit Viren, die als mitverursachend gesehen werden. Auf jeden Fall kann man in vielen Fällen erhöhte Virustiter nachweisen. Die Onko- und Hämatologin von der Berliner Charité, Carmen Scheibenbogen, beschäftigt sich besonders mit dem Versuch den Ursache-Mechanismus weiter aufzuklären. Sie wehrt sich dagegen, den Patienten psychische Faktoren als vorwiegenden Grund der Erkrankung zu unterstellen.[70]

---

[70] Schläfer, E., Vom Leben ausgeschlossen, FAS vom 29. 10. 2023 S. 16-17

Sie will unbedingt die somatische, immunologische, körperliche Ursache finden und damit die Möglichkeit schaffen, ein entsprechendes Medikament herstellen zu können. So wird es hoffentlich auch kommen, auch wenn solch ein Medikament wahrscheinlich nicht die hundertprozentige Lösung sein wird. Vielleicht wird es auch genügen, wenn die schweren Verläufe, die dieser Krankheitsprozess erzeugen kann, durch ein Medikament deutlich gelindert werden wird. Ich habe in meiner eigenen Arzt-Praxis einige wenige dieser betroffenen Patienten gesehen und mich damit viel beschäftigt, da ich selbst ein ähnliches Syndrom hatte, eine sogenannte ‚zentrale somatoforme Schmerzstörung‘, bezüglich derer ich von Anfang an wusste, dass ich die Beschwerden durch psychologische und körperliche Therapie würde lindern und aushalten können.

Dank meiner Kenntnisse wusste ich auch, dass diese Störung nicht lebensgefährlich war und auch das Leben nicht verkürzen würde, aber effektiv nur schwer zu heilen wäre. Virustiter spielten in meinem Falle keine Rolle, umso rätselhafter war die Erkrankung anfänglich, und auch wenn sie manchmal sehr lästig war, hatte ich doch nicht die ganz schrecklichen Symptome, die in dem zitierten Artikel der FAS geschildert werden. Dort schreibt der Autor, dass bei diesen Patienten die Fatigue, die Müdigkeit meist im Vordergrund steht. Es besteht eine schwere herabgesetzte psychische wie auch körperliche Belastungsgrenze, Depressionen, ständige

Erschöpfung, schnell geschwächtes Muskelsystem, Schlafstörungen und anderes.

Versuche, den Patienten dadurch zu helfen, dass man sie zu Aktivitäten animiert und sie sportlich trainiert, führen oft zum Gegenteil, nämlich einer Verschlimmerung, die bis zur völligen Apathie führen kann. Gerade solche Verläufe bringen auch Therapeuten an ihre Grenzen und sie verfestigen sich dann oft in der Auffassung, dass eben doch alles nur psychisch bedingt sei. Aber klar, wenn jemand sagt, ich habe ein Müdigkeits-Syndrom, ist schnell jemand dabei, der ein bisschen spöttisch bemerkt, ‚ja, das habe ich auch'. Aber er hat es natürlich nicht krankhaft, nicht neuro-immunologisch mitbedingt und ausgeprägt geformt.

Meiner Ansicht nach haben alle diese Erkrankungen tatsächlich ein Janusgesicht, einen Doppelaspekt eben psychischer und somatischer Natur, und das war in meinem – zwar anders geartetem Fall – auch so. Ich konnte meine Krankheit mit der *Analytischen Psychokatharsis* und zusätzlichen körperlichen Hilfen wie reichlich Bewegung, Diät und Phytotherapie ausreichend behandeln, und deswegen will ich hier davon schreiben. Man könnte die somatischen und psychischen Symptome als Subeinheiten einer zugrunde liegenden und noch völlig unerkannten Einheit auffassen, und damit wieder an dem Punkt sein, an den ich in diesem Buch mit den sogenannten Subeinheiten ständig herum gestrampelt, geirrt und gestottert habe. Doch ich wollte nicht wie Scheibenbogen nur die Viren als alleinige Ursache ansehen, was allerdings soll diese Einheit sein?

Einer der Fälle, die ich in meiner Praxis betreute – denn von Behandlung kann ich kaum reden – zeigte die Problematik besonders deutlich. Er hatte Architektur studiert und sogar ein paar erfolgreiche Bauten mitentwickelt, stufte sich selbst als psychisch labil ein, weil er privat manchmal sehr unbeholfen agiert hatte. Er hatte sich zweimal in ein sogenanntes Schneeballsystem eingekauft und viel Geld verloren. Mit seiner Herkunftsfamilie war er zerstritten. Im Alter von fünfundzwanzig Jahren war er zu Scientology nach England gegangen, war dort schnell in der Hierarchie aufgestiegen, heiratete eine jüngere Scientologin, mit der er im Laufe weiterer Jahre vier Kinder hatte, bis ihn die Krankheit (ME, CFS), an der er unterschwellig schon längere Zeit litt, schließlich umwarf.

Er brachte keine geregelte Arbeit mehr zusammen, die Frau ließ sich scheiden und vor Gericht kam es zur Forderung nach Alimenten für die Kinder. Zu dieser Zeit kannte ich ihn bereits, er hatte einige der genannten Symptome und ich konnte nachweisen, dass er stets überhöhte Herpes-Titer auswies. Auch ein Internist der Münchner Uniklinik bescheinigte ihm glaubhafte körperliche Krankheitssymptome, und so wurde er – ungewöhnlich für die damalige Zeit – frei gesprochen, die

Alimentierung der Kinder übernahm das Jugendamt. Psychisch war er weiter im Sinne einer Persönlichkeits- störung auffällig, physisch tatsächlich weiterhin wenig belastbar. Er war eine Zeitlang bei mir in analytischer Psychotherapie, die er nach einem Jahr abbrach. Damals hatte ich noch nicht mein Verfahren der *Analytischen Psychokatharsis* voll entwickelt, aber ich bin auch nicht sicher, ob er mehr damit hätte angefangen können. Es führt nicht immer schnell zu deutlichen Ergebnissen.

Ein anderer, der diese Art von Erkrankung hatte, ließ sich vom Nervenarzt mit dem Medikament Seroquel, einem Neuroleptikum mit antidepressiver Komponente behandeln, hatte aber nur geringe Besserung. Ich riet ihm zu einer Musiktherapie, da ich das Buch des ameri- kanischen Neurologen Oliver Sacks gelesen hatte, in dem es über die enorme Wirkung von Musik bei Er- krankungen geht, die oft ebenfalls den Charakter von psychosomatischen Störungen haben, und die man meistens als neurologisch einstuft.[71] Sacks schildert darin, dass Musik basale Gehirnstrukturen beeinflusst, die sogenannt höheren Gehirnstrukturen aber davon ebenfalls profitieren. Tatsächlich half dem genannten Patienten die Musik, aber freilich nur, wenn er in enger Verbindung mit ihr war. Es verhält sich ganz anders als in der Psychotherapie (auch der Psychoanalyse), wo in

---

[71] Sacks, O., Der einarmige Pianist. Über Musik und das Gehirn. Rowohlt (2008)

der therapeutischen Sitzung nicht viel passiert, es aber dem Patienten helfen kann, zwischen den Sitzungen das Gesagte zu verarbeiten. Es sei denn, er verliert den roten Faden der Übertragung.

Es existiert also eine Therapie, die mit der Übertragung arbeitet und eine, die diesen roten Verbindungsfaden abreißen lassen muss, weil – wie im Fall der Musik – die Übertragung auf den Geist der wunderbar klingenden Töne, Akkorde und Melodien durch keine Eigenarbeit und Eigen-Deutung aufgefrischt und am Leben gehalten wird. Oder gibt es doch einen Weg, die Verbindung zu halten? Darüber hat der Dipl.-Psychologe und Psychoanalytiker S. Leikert eindrucksvoll geforscht. Er unterscheidet die mehr stimmliche und strukturelle ,Klangsprache' von der prozesshaften ,Klangrede' der Musik, die offensichtlich in den frühen und elementareren Vorgängen der Seele die Hauptrolle spielt.

In der musikalischen Klangrede steht das melodische, verführend Klingende als **a**, als Ursache und Objekt des Begehrens im Vordergrund. Leikert schreibt, dass es wohl falsch ist, sich dem Diskurs der Musik vom Sinn her, vom Sinn in der Neurose und des Psychosomatischen her zu nähern. „Ist nicht der Musik penetrant einziges Ziel das des Genießens – Register der Perversion – dessen polymorph schillernder Eigensinn sich niemals an die imaginäre Adresse einer festen Bedeutung wird fixieren lassen"? fragte er sich.[72] Aber was heißt das? Die Musik soll pervers sein? Nein, nur ihr Genießen hat das gleiche Charakteristikum, nämlich momentan, ‚leibhaft', raumlos, unabhängig von Äußerem organisiert, direkt und wild ergreifend zu wirken. Die Klangsprache dagegen ist nicht so leibhaft, hat aber dauerhaftere Wirkung

Es verhält sich bei der Klangrede so wie in der Psychoanalyse beim *Unverständlichen*, das ich ein frühelementar seelisches Verrutschen nennen könnte, das selbst Freud erschreckte, weil es für ihn dem Perversen nahestand. Er konnte mit Musik nicht viel anfangen, ja, er hatte geradezu einen Widerstand dagegen, wohl weil das verführende, sirenenhafte ‚Objekt' der Musik an die präödipale – also dem Ödipuskomplex vorrangige – überwältigende frühmütterliche, matriarchale Figur erinnert, an die die herkömmliche, klassische Psychoanalyse mit ihrer Fixierung an die ‚erogenen Zonen' nicht herankommt.[73] Deswegen sprach Nasio auch von den *unverständlichen Vorstellungen* als Etwas, das unter anderem wohl auch mit heftigen sexuell-aggressiven

---

[72] Leikert, S., Die vergessene Kunst. Der Orpheusmythos und die Psychoanalyse der Musik.
[73] In der Ödipus-Sage steht hier die mörderische Sphinx, die Ödipus zwar besiegt, aber offensichtlich nicht ganz, denn er verfällt dann dem Drama des Inzests, was nicht weniger mörderisch ist.

Impulsen zu tun hat, gleichzeitig aber heftiger als üblich verdrängt (fachsprachlich: kastriert) ist.

Und deswegen erinnert der Counter-Tenor an die Kastraten-Stimme der Haremswächter oder der indischen Hijras, die sich freiwillig kastrieren lassen, indem sie transsexuell sind, und das Heterosexuelle nicht ausleben wollen oder können. Sie bilden dann eine Sekte, sie singen bei Geburten und Hochzeiten und bekommen dafür Geschenke und Geld. Sie sind nicht pervers, denn sie haben eine gesellschaftliche Funktion, die soziale Anerkennung besitzt und in der sie sich zu Hause fühlen können, denn ihr Zusammenschluss wird zudem von einem Guru geleitet, hat also eine zusammengebastelte geistige Bedeutung. Das ist bei den westlichen Transsexuellen nicht der Fall, sie versuchen durch das Problem direkt – samt hormonell und chirurgisch manipulierten Körper – hindurchzugehen, auch sie basteln alles zusammen und kommen aus dem Sektiererischen nicht ganz heraus.

Der mehr dem Erscheinungs-Wirkenden zugehörige Signifikant der Klangrede kann also in seiner Vielschichtigkeit der Perversion anheimfallen, er kann durch die Kastration symbolisiert sein, aber er sagt nichts definitiv aus. In der Musik ist er also nur im Augenblick fassbar, umsetzbar, therapeutisch nur unmittelbar kurz verwendbar, denn er erklingt und wirkt nur im realen Moment, im Prozesshaften, im Nicht-Repräsentierbaren, und er wirkt betörend, auch wahnhaft und *unverständlich-unbeständig.*

Den Begriff der *Unbeständigkeit* habe ich von der französischen Revolutionärin C. Démar übernommen, die schrieb, dass „die eheliche Liebe kaum mehr sei als eine ‚zweifache Selbstsucht'. . . . und erst durch das Gesetz der *Unbeständigkeit* werden Frauen endlich befreit werden". [74] Denn man kann die Frau und auch die Musik nicht festhalten, auch wenn man eine Melodie noch einige weitere Augenblicke nach zu summen vermag und man der Frau schon einiges geboten hat, um ihr zu genügen (wozu ein ganzes Mannesleben meist nicht ausreicht, wie Lacan konstatiert). Performanz Theoretiker sagen, dass auch Buchstaben beim freien Sprechen einen viel authentischeren Körper bekommen als in einem Buch oder einer abgelesenen Rede, doch auch diese Authentizität kann nicht genug re-präsentiert werden (Betonung auf dem re), kann nicht genug in Begriffliches, *Beständiges* übersetzt werden. [75] Oder nochmals anders gesagt: In der Musik kann nichts so gespiegelt oder gar zum Widerhall gebracht werden, dass das Subjekt sich darin ausreichend wiedererkennen und damit sein Leben dauerhaft positiv gestalten könnte.

---

[74] Démar, C., Ma Loi D'Avernir, Paris (1834).

[75] Fischer-Lichte, E., Performativität: Eine Einführung, trans-cript (2012), worin der performative (aufgeführte) Sprachkörper als das Ereignis schlechthin bezeichnet wird.

Melodie, Tonigkeit, Rhythmus und anderes mehr ergeben ein „Lauthülle", die – wie Leikert schreibt, etwas
Bejahendes, Bestätigendes an sich hat, aber er benennt
es nicht genau. Und so schreibt die Performanz Theore-
tikerin E. Strowick in ihrem Buch „Sprechende Körper", dass zwischen der Evidenz der Klangrede einerseits, wie sie in der Musik verwirklicht werden kann,
und der Welt der Klangsprache, der Ordnung der klingenden Phoneme andererseits, „sich eine Substanz ausbreitet, die jenseits ontologischer Substanzialität ist".[76]
Damit will die Autorin klarstellen, dass es bei dem Per-
formativen, Prozesshaften nicht ums Sein geht, nicht
ums Ontische einer Seinslehre, sondern dass es um eine
ganz andere Art von Substanzhaftem geht, also um etwas, was der von Freud gefundenen „genießenden Substanz", der Libido, viel stärker, aber eben auch nur für
Momente korreliert, als es für das sprachliche Sein der
‚Objekte' und ‚Zonen' in der klassischen Psychoanalyse
der Fall ist.

Die lässt sich erneut am ‚Sich Versprechen' oder dem
‚Sich Verlesen' gut verstehen. Man verliest und verspricht sich nämlich – so meint die Autorin – nicht ganz
ungern. Die Triebe, die einen unbewussten ‚Sprachkörper' bilden (aus dem Tonhaften, Grund-Lautlichen heraus) können von ihrem Angebot zu genießen nicht las-

---

[76] Strowik, E., Sprechende Körper, Fink-Verlag (2009)

sen und bahnen sich so den Weg. So kann man das Lesen nicht selbst lesen, meint Strowick, sondern muss es sich selbst aufführen lassen. Die Buchstaben müssen leben, sonst liest man nur darüber hinweg. Ich erinnere mich an meine Lehrerin in der Grundschule, die uns den Buchstaben D mit dem Dum - Dum - Dum der Regentropfen an den Fensterscheiben nahebrachte. Wenn sie es summte, sang, an die Tafel D-ippte, dann wurden Regentropfen-Worte, Worte der D-ämmerung, D-ichtung, der d-umpf-d-ümpelnden D-ranggefühle daraus, die aus dem D-ickicht kamen! Ja, so führte sie vor uns das Lesen auf. Das sind die Laute, die wie Orphische Musik klangen und die damals geholfen haben, schreiben zu lernen und heute helfen, die gelungenen *Pass-Worte* herzustellen.

Dort spielen neben den Phrasen aus dem Unbewussten eben auch bestimmte Formen der Katharsis eine Rolle, was besonders gut im Orpheus Mythos zu sehen ist, wo es auch nicht nur um das Momenthafte der Musik geht. Orpheus verzauberte mit seinen Melodien nicht nur Menschen, sondern auch Tiere, Pflanzen und sogar Steine. Er soll das tobende Meer mit dem Zauber seiner Lyra besänftigt und die verführerischen Stimmen der Sirenen zum Schweigen gebracht haben. Seine Naturverbundenheit und auch die Tatsache, dass seine Mutter eine begabte Sängerin war, ließ die Psychoanalytiker immer vermuten, dass Orpheus doch noch einen ziemlichen Mutterkomplex hatte, und dass er daran gescheitert ist. Die Musik ist also nicht allein schuld.

Bezüglich seiner Fixierung an die Mutter meinten zudem manche Analytiker, Kerberos (der schreckliche Hund, der das Totenreich des Hades bewacht) sei eine Vaterfigur und erklärten das Zurückholen der verstorbenen Eurydike aus der Unterwelt durch Orpheus mit einer Ödipus Situation: Orpheus will sich an Kerberos, am Vater vorbei die Mutter als erotisches Liebesobjekt, nach dem er hörig ist, wieder herholen. Im Mythos heißt es jedenfalls, dass er Kerberos durch sein Lyraspiel so beruhigte, so dass dieser zu bellen vergaß, psychoanalytisch gesprochen: der Vater das Poltern und Schimpfen verlor und den Charakter des von ihm entwickelten groben Überichs geschwächt wurde.

Doch die Sache scheitert. Denn die Götter, die ihm – durch die Musik verzaubert – gestatteten, Eurydike aus dem Totenreich wieder zurückzuholen, verbanden diese Gnade mit dem Verbot sich beim Hinaufgang aus der Unterwelt umzudrehen. Er sollte nicht an der göttlichen Weisung zweifeln und zurückschauen, ob Eurydike ihm folgte. Doch er hörte ihre Schritte nicht, psychoanalytisch: er wollte wie das Kind weiterhin mit der Mutter eins sein, blickte sich also um, und so sank Eurydike wieder ins Totenreich zurück. Darüber wurde Orpheus fast wahnsinnig und zerstörte sein Leben so wie es auch heute noch die jungen Popikonen tun, wenn sie mit der

Vergötterung durch Millionen Fans nicht mehr fertig werden.

Auf jeden Fall ist Orpheus ein gutes Beispiel für die Welt der Verzauberung und Sublimierung im Erscheinungs-Wirkenden, das auch die Musik beherrscht. Das Wort-Wirkende, die Klangsprache, hat vielleicht Bedeutung für jemanden, der für die Musik lebt, ein Instrument spielt und ihre Vermittlung auch worthaft begreift. Die nur zeitweise Auseinandersetzung mit der Musik beim Kranken hat diese Auswirkung jedoch nicht. Andererseits: Die Zeichen, die rätselhaft, phrasenhaft, stimmbezogen und vor allem auch nach Hörigkeit klingen (Begehren nach der Stimme des anderen) hat die Psychoanalytikerin Maiello herausgearbeitet und schreibt, dass das Kind schon vor der Geburt Töne hört wie etwa den Herzschlag der Mutter, auch ihr Sprechen, und von daher ein psychisches ‚Objekt' ausbildet, das die Autorin das „Klangobjekt" nennt.[77]

Es erinnert wieder stark an das „sich hören machen", an das Stimmhafte, die ‚Echos des Körpers', die sich auf das Rauschen von etwas Sprachlichem beziehen. Auch die von mir erwähnten Widerhall Effekte in der frühen Mutter-Kind Beziehung haben diesen Charakter, und es hieß ja, sie seien wichtig für die psychische Entwick-

---

[77] Maiello, S., Das Klangobjekt. Über den pränatalen Ursprung auditiver Gedächtnisspuren, PSYCHE Nr. 53 (1999)

lung. Der Psychoanalytiker muss häufig derartige enig-
matische Traumstücke deuten und benutzt dazu Wort-
klangassoziationen, etymologische Verwandtschaften,
zusätzliche Einfälle des Patienten zu solchen Traum-
phrasen. Er muss das Orphische Gehör haben, das heraushören kann, auf welche Laut-Kombination es ankommt.

Dennoch genügt dies alles nicht, um einen dauerhaften
positiven Effekt zu erreichen, der auch therapeutisch
nutzbar wäre, vor allem auch für solche Erkrankungen,
wie ich sie am Anfang dieses Kapitels geschildert habe.
Denn dazu ist die körpernahe, körperhafte Erfahrung,
die die Musik gibt, zwar geeignet, aber die Katharsis
wirkt wie betont nicht lange genug nach. Das nach innen Hören des Tons, des inneren Lautes als einer Form
des Erscheinungs-Wirkenden hat nur dann Sinn, wenn
es auch zur effektiven Sprache wird, die eine nachhaltige Repräsentation ermöglicht und die auch aus der *unverständlichen Vorstellung* herausführt. Auch wenn viel
von der Sprachlichkeit der Musik geschrieben wird oder
von Dichtung, die wie Musik klingt – voll verständlich
werden die Vorstellungen, also die Prämissen, die ersten
Vorstellungen, die der Trieb, das Begehren, die pulsie-
renden Strebungen in der Psyche hinterlassen, erst dann,
wenn sie wie in den *Pass-Worten* weitgehend zur be-
grifflichen Sprache werden.

Kurz gesagt: Leikerts wissenschaftlich fundierte Stellungnahme zu Musik und Psychoanalyse führt trotz der faszinierenden Schilderung des Orpheus-Komplexes zu keiner praktischen Methode, die allgemein oder auch nur speziell therapeutisch hilfreich sein könnte. Der Mensch sitzt in der Falle zwischen den zwei Aspekten des Erscheinungs- und Wort-Wirkenden samt ihren *Unverständlich-* und *Unbeständigkeiten*, und das ist nach Lacan etwas ganz Entscheidendes im menschlichen Leben. Das gilt auch für zwei Subeinheiten, denn egal von was sie Subeinheiten sind, zwischen ihnen sitzt das ihnen eben Übergeordnete, Lacan folgend: das Subjekt. Es kann weder durch die Psychoanalyse noch durch die Kunst ganz in seine nachhaltige Authentizität eingesetzt werden, es muss noch selbst etwas dazu tun.

9. ,Beziehnisse' [78]

Zum Schluss ein Resümee, in dem ich ein letztes Mal Geschichten bringen will, die etwas mit dem Begehren zu tun haben, das sich in den menschlichen Beziehungen abspielt und sich ja auch in der Meditation in den Vordergrund zu drängen versucht. Nicht nur in Blick und Stimme, auch in den Empfindungen und Gefühlen geht es um ein Rauschen, Flimmern, Stottern und Oszillieren, und klar, man wird es mit Hilfe der *Analytischen Psychokatharsis* gut regeln können, wenn man weiß, wie man mit dem *Anderen* reden kann. Ich gehe davon aus, dass die Wahrheit vor dem Wissen rangiert, denn dafür steht Pyrrhon, dem in seiner Ataraxie und Gleichgültigkeit die Wahrheit praktisch zufällt, aber er muss sie in ein Wissen transformieren, sonst bleibt er mit ihr alleine. Ich nehme an, dass auch er so etwas wie *Pass-Worte* gehört hat, schließlich war er Philosoph, der ja erzählen, vermitteln und Bericht erstatten musste, was überhaupt wissenswert, weil wahr ist.

Ausgegangen bin ich von dem Dualismus, den Freud mit dem Eros-Lebens und dem Todestrieb erstellt hat, und den Lacan in den des Erscheinungs- und des Wort-Wirkungen umformuliert hat. Das Erscheinungs-Wirkende stand dabei dem Schautrieb, dem imaginären Signifikanten, dem „sich

---

[78] Auch dieser Ausdruck stammt von D. Hofstadter, der damit das Essentielle einer Beziehung herausstellen will.

sehen machen" nahe, das Wort-Wirkende dem Sprech-
trieb, dem verbalen Signifikanten, dem „sich hören machen". Schließlich bin ich zu den anschaulicheren, gleichzeitig aber auch elementareren, primären und damit ‚wah-
reren' Rauschen und Stammeln als redundanten Formen
des sprechenden Begehrens gekommen, dem der gedimmte Blick, das Oszillieren des Luziden, der Strahltpunkt
des scheuenden Begehrens zugeordnet und in Kombination verbunden ist. Lacan sagt sogar, dass Letzteres das
Unbewusste dominiert, was ja schon dadurch zum Ausdruck kommt, dass es überflutend wirken kann.[79] Man
kann davon auszugehen, dass die Menschen gegen dieses Überflutende die Sprache eingesetzt haben, um es zu
bändigen. In der Folge sind sie aber wiederum diesem
Wort-Wirkenden erlegen und müssen sich jetzt, das
heißt schon lange vor Pyrrhon davon wieder durch A-
taraxie oder Meditation befreien.

Immer wieder ist in all dem das Duale, die zwei Subeinheiten universell existierenden Systems mit unterschiedlichen Gewichtungen das Resultat gewesen. Mal
wurde dies von einem Gott zelebriert, mal durch Philosophen erklärt, mal durch Wissenschaftler bewiesen,
wobei mehr und mehr klar wurde, dass es nur Sinn hat

---

[79] Lacan, J., Seminar XI, Walter Verlag (1980) S. 66, wo Lacan
schreibt, dass die Freudsche Vorstellungsrepräsentanz, was in
erster Linie das Erscheinungs-Wirkende darstellt, das Unbewusste dominiert.

wenn jeder Einzelne dieses Duale i n sich selbst verbinden und vereinen kann. Der letzte Schritt ist immer der nach innen, wie man auch am Schlaf und am Tod sehen kann, und so hat also alles letztendlich das Verfahren der *Analytischen Psychokatharsis* denknotwendig gemacht, denk- und praxis-notwendig, weil eben nichts so effektiv ist, wie das eigene Engagement, die eigenen Übungen, das eigene Nach-Innen gehen.

Ich hänge noch ein paar Bemerkungen an, die dem Dualismus von Wahrheit und Wissen im Rahmen der menschlichen Beziehungen gelten sollen, wonach im Anhang das Verfahren der *Analytischen Psychokatharsis* zusammenfassend und praxisnah dargestellt wird. Ich erwähne ein paar Beispiele aus Biographien Pyrrhon nahestehender Personen. In tiefer Weise war dies zum Beispiel der Philosoph und Lebenspraktiker M. de Montaigne (1533-1592), der auch wunderbare Sätze gesagt hat, allerdings weniger romantische. Denn auch er war ein Anhänger Pyrrhons von Elis, sogar einer seiner Überzeugtesten. Könnte man von ihm nicht sogar einen besseren Zugang zu den Subeinheiten lernen? Montaigne schrieb mehrere Bücher, die sogenannten ‚Essays‘, in denen er zu allem Wichtigen Stellung nahm. Auch für ihn war alles sinnliche Wahrnehmen äußerst unzuverlässig.

Man habe sich daher jedes Urteils zu enthalten und keine feste Meinung zu haben, schrieb er. Montaigne war stets voll elegantem und unverwüstlichem Gleichmut, auch wenn er nicht so weit ging wie Pyrrhon, der entgegenkommenden Wagen und – wie erwähnt – bissigen Hunden nicht auswich. Aber Montaigne war genauso der Ansicht, dass die Vernunft keine Hilfe sei, dass man nicht grüblerisch nachdenken, sondern gelassen und gleichmütig bleiben sollte. Trotz der vielen Aufgaben und Kontakte, die Montaigne z. B. auch mit dem damaligen französischen König hatte, stand er selbst gegen dessen Auffassung den protestantischen Hugenotten positiv gegenüber, was nicht ungefährlich war.

Auch Montaigne war bei vielen Mitbürgern beliebt. Er war sogar ein Vorläufer der heutigen Grünen, denn die Natur schätzte er besonders und die Tiere behandelte er wie Gleichberechtigte. Ein bisschen seltsam war seine Einstellung zu den Frauen – wieder einmal so ein Typ, der die Frauen nicht fürs Weltbürgertum und philosophische Traktate geeignet hielt. Er heiratete zwar und erhoffte sich dringend einen Erben für sein Landgut und die Verbreitung seiner Essays, doch seine Frau gebar ihm sechs Mädchen, so als sollte dies seine Misogynie bestrafen. Nun muss man zugeben, dass er noch dreihundert Jahre früher lebte als die von mir zitierte Claire Démar, zu einer Zeit also, die von der Emanzipation der Frau keine Ahnung hatte – schon gar nicht von dem Wunsch nach *Unbeständigkeit*.

Montaigne hätte das nicht verstanden, aber er hatte eben auch Angst vor der Frau als eigenständiger, und als *unbeständiger* schon gar. Dass Montaigne die „Wollust und den Jammer (Seufzer)" als auf der gleichen Ebene liegend betrachtete, also als die zwei Subeinheiten des gesamten menschlichen Gemüts, des Begehrens und der Intimität, halte ich für erwähnenswert. Montaigne gibt dazu keine weiteren Erklärungen ab, es erinnert aber durchaus an die Psychoanalyse, an das Sexuelle, bezüglich dessen ich bereits Freud zitierte, der sagte, dass es „die allgemeinte Erniedrigung des Liebenslebens" sei, also ein Jammer. Oder wie Lacan monierte, als er die Geschlechtsbeziehung eine Scheinbeziehung nannte, hell strahlend, aber Beziehung nur dem Anschein nach. In Wirklichkeit ist sie eben mit viel Seufzern angereichert.

Trotzdem sollten innerlich die stärksten Gegensätze auch in der Liebe miteinander vereinbar sein, das war ebenfalls ein Grundsatz Montaignes. Ganz groß stand bei ihm dabei die Liebe zu dem älteren Adligen Etienne de la Boétie auf der einen Seite und alle seine sonstigen sozialen, beruflichen und auch literarischen Aspekte auf der anderen, will man das Spiel mit den Subeinheiten weiter behalten. Montaigne erklärt mehrfach, dass seine Liebe zu dem Gleichgesinnten, ethisch hochstehenden E. de la Boétie nichts mit Homosexualität zu tun hätte, und hinsichtlich einer manifesten sexuellen Beziehung stimmt dies offenbar. Gegenbeweise gibt es freilich nicht. Allerdings leben die Menschen heute in der Zeit einer Wissenschaftskultur, die stark von Freud beeinflusst ist, in der auch eine latente Homophilie eher als eine verdrängte Homosexualität verstanden wird als eine geistige Verbundenheit unter Männern. Der Gedanke der Bisexualität, dass man als Anlage bei Mann und Frau beide Geschlechtsidentitäten in sich hat, hat der HNO-Arzt und Freuds Freund W. Fließ als erster geäußert. Über eine Indiskretion von Freud landete dieser Gedanke bei dem jüdischen Kultur-Philosophen O. Weininger, der in seinem Buch ‚Geschlecht und Charakter' krasse Theorien pro Antisemitismus, Frauenverachtung und sexueller Askese des Mannes postulierte und sich so als modern tiefsinnig (und wohl eher widersinnig) feierte.

In ein derartiges Schema passt Montaigne jedoch nicht ganz hinein. Er schildert seine Liebe zu La Boétie zwar mit einem extremen Pathos als eine grenzenlose Passion, die man niemals mit einer Frau hätte teilen können. Von einer „höchsten Steigerung der Existenz und extremen Hochgefühlen" schreibt sein Biograph bezüglich dieser rauschhaften und gleichzeitig göttlichen Liebe.[80] In dieser nach Vorschlag des Autors – mit dem damals üblichen Ausdruck als ‚Liebesbegegnung' bezeichneten „Freundschaft" „mischen und vereinigen sie sich beide"

---

[80] Schultz, U., Montaigne, Rowohlt (1989) S. 31-37

– jetzt Originalton Montaigne – „in dermaßen völliger Verschmelzung, dass sie ineinander aufgehen... Wenn man in mich dringt zu sagen, warum ich ihn liebte, so fühle ich, das sich das nicht aussprechen lässt, und ich antworte: Weil er er war, weil ich ich war".

Während aber La Boétie eine harmonische Ehe führte, ging es bei Montaigne in der Beziehung zur Frau mehr um eine „Vernunft- und Handelsehe", was wohl nach wie vor eher einer misogynen Haltung entspricht ohne wirkliche Frauenfeindschaft zu sein, das Montaigne auch so belegt: „Um die Wahrheit zu sagen, die geistigen Gaben der Frauen reichen gemeinhin nicht zu jenem Gedankenaustausch, aus dem diese heilige Verbindung [der Freundschaft zu La Boétie] entwächst".[44] Auf seiner Reise nach Italien soll Montaigne Kontakt zu Prostituierten gehabt haben, von denen man viele als Kurtisanen und Hofdamen deklarierte, und mit denen er – so heißt es – hauptsächlich sozial-psychologische Gespräche geführt haben soll. So schreibt er auch selbst darüber.

Passen würde es allerdings, dass auch in Montaignes Frauenbild das Gegensatzpaar der Heiligen und der Hure eine Rolle spielte. Doch Hofdamen waren ja nicht Prostituierte, das hat noch der große Romantiker C. M. Wieland in etlichen seiner Werke beschrieben und auszuleben versucht.[81] Egal was Montaigne mit den Hofdamen anstellte, auch er fällt wohl unter das Verdikt, dass im Liebesleben die größte Unehrlichkeit steckt, die es gibt. Vielleicht war selbst diesbezüglich Montaignes Anhängerschaft zu Pyrrhon bestimmend. Denn Pyrrhon selbst war nie verheiratet, er lebte ausschließlich mit seiner Schwester zusammen, die Philista hieß, was ein bisschen an φιλία (philia), die Liebe erinnert. Doch sie soll seine Haushälterin gewesen sein, die er rücksichtsvoll behandelt habe, indem er selbst „das ganze Geschäft der Reinigung des Hauses unterschiedslos auf sich nahm."[82]

Mit anderen Worten: Es bestand auch hier wohl eine Liebe, die das Geschlechtliche ausschloss, wenn sie wahrscheinlich eher devot und nicht so erhöht war, wie es bei Montaignes bezüglich der nicht ganz uneitlen Herrenliebe – wenn ich sie einmal wegen ihres Höhenanspruchs hinsichtlich seines Freund-Geliebten Boétie so nennen darf – der Fall war. Man kann Homosexualität ja auch „gelungen verdrängen", so Freud, was als normal gilt. Pyrrhons Charakter und Privatleben war zwar nicht bis ins Letzte analysiert, aber sie wurde in seinen Reden und Taten offen sichtbar gelassen und sodann durch die Eigenschaft des γνώριμος (gnorimos),

[81] Reemtsma, J. P., C. M. Wieland, C.H.Beck Verlag (2023)
[82] Diogenes Laertius, Leben und Meinungen berühmter Philosophen. Übersetzung O. Apelt, F. Meiner Verlag (1967) S. 194.

des Vornehmen, Edlen gelöst. Philista hatte das wohl so akzeptiert.

Γνώριμος war nicht adelig, nicht vornehm durch Reichtum oder politischen Erfolg, sondern adelig durch γνῶσις (gnosis), Kenntnis, Ruf, Einsicht oder auch durch Verständlichkeit und Urteilsfähigkeit (gnomonikos), kurz eben durch Vornehmheit als einem in sich Ruhen, mit sich im Klaren und Reinen sein. Dazu gehörten auch Pyrrhons Selbstgespräche, von denen ich ja berichtet habe, dass er nach einer Diskussion auch alleine weitergeredet hat, wobei er sagte, sie dienen ihm auch dazu, ein umgänglicher Mensch zu sein. Das war wohl auch bei Handke so, der daraus noch literarischen Erfolg ziehen konnte.

Den Begriff des Vornehmen als eines Menschen, dem dieses Attribut aus innerlicher und mit sich und anderen erkämpfter Haltung zukommt, hat auch Nietzsche in seiner Philosophie heraus gehoben. Aber sein γνώριμος (gnorimos), sein Vornehmer hieß ,Übermensch', was man stets in Richtung eines Machtmenschen gedeutet hat. Im Wesentlichen aber beschreibt Nietzsche ihn als Selbstüberwinder und Selbstverwirklicher, der eigene Schwächen beseitigen sollte. Doch was heißt Schwächen? Wenn schon nicht Macht, so stand bei Zarathustra zum Beispiel die Herrlichkeit, das Glänzende, Große – Lacan würde sagen: der Herren-Signifikant im Vordergrund. Von einem ,epechein', einem Zurückgenommen-

Sein, kann man bei Nietzsches Zarathustra jedenfalls nicht reden, auch wenn das Wort vom Vornehmen darin häufig erwähnt wird.

Interessant ist in diesem Zusammenhang auch die Liebe eines weiteren geschlechtsneutralen Paares, nämlich die zwischen der Mystikerin Theresa von Avila und dem Pater Jeronimus Gracián. Diese beiden umkreisten sich wie zwei Neutronensterne, nämlich genauso gewaltig und eng, geistig und doch minutiös auch irdisch.[83] Die Heilige Theresa war damals bereits Oberin ihres ‚Unbeschuhten Karmeliter-Ordens‘, der um dreißig Jahre jüngere Pater Jeronimus Gracián aber ihr Vorgesetzter in ordens-behördlichen Angelegenheiten. Doch vom ersten Moment an waren sie heftig ineinander verliebt, was sie jedoch ausschließlich als himmlische ‚caridad‘ (spanisch für die lateinische caritas) verstehen wollten.

Sie waren beide klar und offen genug, dass sich dahinter wohl auch mehr und anderes versteckte als nur eine sozial und vor allem theologisch vertretbare Beziehung. Umso reichhaltiger, poetischer, empathischer fühlen sich ihre Briefe und persönlichen Begegnungen an. Und so wird auch Theresas Entzücken an dem jungen Mann und sein Schwärmen von ihrer Schönheit und grazilen

---

[83] Lorenz, E., ‚Nicht alle Nonnen dürfen das‘, Theresa von Avila und Pater Gracián, die Geschichte einer großen Begegnung, Herder (1984)

Körperlichkeit nicht verschwiegen, obwohl im Orden und auch außerhalb alles Mögliche gemunkelt und bezichtigt wurde. Theresa von Avila schrieb dann schon mal statt von ‚caridad' von ‚amor', und dass sie sich das leisten könne, was nicht jede Nonne darf.

Schließlich war sie schon sehr lange als Visionärin und Gotterwählte bekannt und suchten viele ihren Rat. Nun glaube ich aber doch darauf hinweisen zu müssen, wie schwer es ist, bezüglich dieser ‚Höhenlieben' psychoanalytische Begriffe anzuwenden, aber ganz verleugnen kann man sie auch nicht. Jedenfalls schrieb die Heilige fast jeden Tag an ihren Jeromino Briefe, in denen sie ihn aber oft mit Decknamen bedachte. Mal war er ihr Paulus, mal ihr Elisio, mal noch ein anderer. Das Ganze liest sich einerseits wie etwas Pubertäres, ein Spiel um die Liebesschwärmerei, andererseits um etwas sehr Ernstes und Wertvolles, das zu großen Problemen im Ordensbereich führte.

E. Lorenz beschreibt, wie geschickt beide mit ihren Gefühlen füreinander umgingen, und dass die Heilige Theresa von Avila ihre Liebe ja durch die Katharsis der ‚unio mystica', der göttlichen Verschmelzung gestützt wusste. So hatte sie einmal die Vision, wie Christus ihre Hand und die Pater Graciáns zusammenschloss, die Verbindung der beiden also als gut und gesegnet ansah wie bei einer weltlichen Heirat. Aber es blieb bei dem (so könnte ich sagen) subeinheitlichen Kompromiss, der auch dem gemeinsamen Werk, nämlich den Orden zu erhalten und zu stärken einschloss. Denn warum hätten die Verliebten das alles verlassen sollen, um glücklich in einer weltliche Familie mit zwei, drei Kindern zu leben, wo sie doch im Orden viel mehr Kinder, vor allem die unbeschuhten Karmeliterinnen, um sich scharen konnten.

Die Beziehung dauerte nur sieben Jahre, Gracián überlebte seine Geliebte um 34 Jahre, allerdings gedemütigt und von der restriktiv-konservativen, papsttreuen Machtelite des Ordens verstoßen. Er war zu weit in der synchronen Mutter-und-Frau Beziehung aufgegangen. Die Heilige Theresa muss in ihm ja geradezu einen Domina-Kult erzeugt haben, und das heißt, dass er von Anfang an seine Stimme an diese Mutter-Frau abgegeben hat, die – selbst wenn sie kaum etwas mit den sexistischen Domina-Kulten der heutigen Zeit zu tun hatte, und diese Stimme nicht lautstark an den masochistischen ‚Youngster' gerichtet hat, sondern sie im inneren Konflikt der beiden still verhallen ließ.

Trotz der hochwertigen und tief-amourösen Beziehung zwischen Theresa und Gracián darf man – glaube ich – so etwas sagen, denn dahinter steht ja schließlich auch die mehr oder weniger zwangsneurotische Struktur der religiösen, klösterlichen, hart administrativen Verhaltensweisen, die damals Regel waren. Und die Neurose – das sagte Freud und das konnte ich auch oft als Psychoanalytiker in eigener Praxis feststellen – hat als ihre unbewusste Kehrseite perverse Phantasien, die bewusst sein und manchmal auch für immer unbewusst bleiben können. Doch weswegen erzähle ich all diese Liebesgeschichten? Weil sie – wie ich angekündigt habe – in erster Linie ein Kampf um die Wahrheit sind und nicht um das Wissen wie an der Universität. Dort gilt ein savoir pour savoir, Wissen um des Wissens willen. Liebe spielt keine Rolle.

Doch – und so kehre ich zum Schluss wieder zu Nasio zurück – es gibt ganz offensichtlich eine Liebe zum *Anderen*. Nasio spricht fast verklärt von ihm, bei der Heiligen Theresa war er als Jesus Christus verkleidet und bei Lacan war es Freud als Lehrer, als seine Schriften, denn der *Andere* kann auch ein Buch sein. Ich empfehle aber den *Anderen* als Wahrsager, als dem, der schon vor dem Wissenden da war, das war nicht nur Pyrrhons, sondern auch Lacans These, die auch in den *Pass-Worten* Ausdruck findet. Er bestand darauf, dass es keinen Sinn hat der Unwissenheit einfach ein Wissen gegenüber zu stellen, anstatt eine Wahrheit auszudrücken, in der sich der Begriff Unwissenheit erst richtig konstituieren kann.

Denn die Unwissenheit ist nicht etwas, das man durch mehr und neues Wissen ersetzen kann. Vielmehr – und jetzt kommt so ein typischer Lacanscher Satz – „konstituiert die Unwissenheit sich polar zur Beziehung auf die virtuelle Position einer zu erreichenden Wahrheit."[84] Das klingt kompliziert, heißt aber nur, dass die Unwissenheit eben nur durch ein Wissen, das den Blick strikt auf die Wahrheit gerichtet hat, ausgeglichen werden kann. Ohne entscheidende Orientierung an der Wahrheit, die virtuell über allem thront, kann Unwissenheit nie mit noch so viel gutem und neuem Wissen aufgehoben werden. Noch weiter vereinfacht: für das menschliche Subjekt muss das Wissen der Wahrheit dienen und nicht umgekehrt.

Die Wahrheit will wissenschaftlich auf sie selbst bezogen gewusst werden, anders ist sie heute für das Subjekt nichts wert, und deswegen habe ich die Liebesgeschichten erwähnt, die so asexuell erscheinen, obwohl sie es nicht sind. Aber sie sind ein Versuch aus der Scheinbeziehung der Sexualität herauszukommen, die wie gesagt so hell, grell strahlt, aber Beziehung nur dem Anschein nach ist. Eben deswegen hat Pyrrhon mit dem ΕΠΕΧΩ angefangen (epecho, ich halte zurück, halte inne, wie Montaigne es auf einen Stirnbalken seines Arbeitszimmers in dieser Weise in Großbuchstaben geschrieben hatte).

Dann, weil wie oben gesagt die Wahrheit sich selber im Blick auf die virtuelle Position ihrer Erreichbarkeit hat,

---

[84] Lacan, J., Seminar I, Walter (1986) S. 214

ist sie vorrangig, wird sie kathartisch, ataraktisch, in nuce, in *unverständlicher Vorstellung* erfasst, wo sie nur noch einen Buchstaben, eine Silbe, ein *Pass-Wort* benötigt, um auch Wissen zu werden. Das menschliche Subjekt sitzt sozusagen zwischen zwei bedeutenden Kräften, ‚fra due fuochi' (zwischen zwei Feuern), wie die Italiener sagen, und im *Formel-Wort* sind es sogar drei oder mehr Feuer, die den Bedeutungs-, den Signifikanten Mix erzeugen, der keinen Sinn hat. Und doch kann der Sinn nur so im *Pass-Wort* aufflammen, weil das Ganze nur im Rahmen der *Unbeständigkeit* von Sex (erscheinungs-wirkend) und Liebe (wort-wirkend) stattfindet (das ist keine feministische Forderung wie bei C. Démar, das ist grundsätzlich so, wie an den Biographien gezeigt).

All das ist auch ein Argument für meine meditativ-analytisch-kathartische Methode, die derartige Strukturen besser angehen kann als die reine, klassische Analyse, aber auch dem Verlangen nach direkter geistiger Führung einen gewissen Raum gibt. Walter Benjamin, auch er ein philosophischer Skeptiker, bemerkte nach langen Bemühungen zwischen dem radikal Echtem und dem prosaisch Wahren, dass selbst die durchgreifendste Erkenntnis nicht als Ziel ausreicht. Benjamin gilt als einer der bedeutendsten Philosophen der ersten Hälfte des zwanzigsten Jahrhunderts, aber auch als einer der verwirrtesten und unvollendetsten. So schreibt er in seinem Aufsatz ‚Die Idee der Kunst': „Die höchste

Aufgabe der Bildung ist, sich seines transzendentalen Selbst zu bemächtigen, das Ich seines Ich zugleich zu sein".[85] Besser, zutreffender, aber wohl auch *unverständlicher* und *unbeständiger* kann man es nicht aussagen, auch wenn der Philosoph Rosset das gleiche sagte.[86]

Denn was heißt das anderes, als sich total in sich selbst zu spiegeln, aber nicht nur rein reflektierend (erscheinungs-wirkend), sondern auch im literarisch, intellektuell und höchstmöglichen rhetorisch-geistigen (denn das ist mit transzendental gemeint) widerhallend (wortwirkend). Das Ich seines Ich zugleich zu sein bedeutet, in ständigem Selbstgespräch mit sich zu sein, aber eben so extrem ein- und ausgebildet und in Szene gesetzt, wie es überhaupt möglich ist. Exakt dafür steht Pyrrhon (und auch Handke ist so gesehen ein Pyrrhoneer), den nichts von seinem inneren Selbst, von seinem Spiegel- und Widerhall-*Anderen* abbringen konnte. Anders gesagt: selbstakkurat bis zum Traumtänzer, und so ging es auch Benjamin, der genial zwischen hunderten von Lite-

---

[85] Benjamin, W., Gesammelte Werke I, Zweitausendeins Verlag (2011) S. 313
[86] Rosset, C., Das Reale, Traktat über die Idiotie, Suhrkamp (1988) S. 50-63, wo der Autor behauptet, das ganz und einheitlich seiende Reale komme nur dann zum Vorschein, wenn man seine Doubles kennt und mit ihnen identisch werden kann. Aber wie soll das gehen? Das verrät er natürlich nicht.

raten, von Menschen aus der Kunst- und Literatur-Szene, von Philosophen und Geisteslehren bis hin zur jüdischen Kabbala herumwanderte, so dass man am liebsten weiter und weiter lesen möchte, was er alles geschrieben hat.

Doch die über zweitausend Seiten seines Gesamtwerks sind einfach zu viel, auch wenn sie bei Zweitausendein für ein Spottgeld zu erwerben waren. Dazu kommt noch Benjamins ernsthafte und tiefgreifende Beschäftigung mit religiöser Erlösung, mit Messianismus auf der einen, und Marxismus auf der anderen Seite. Gerade damit ist er dann ins Straucheln geraten, ein Straucheln das nach erfolgreichem Studium der Philosophie, Germanistik und Kunstgeschichte mit der Unfähigkeit, sich selbst erhalten zu können, begann. In der Folge lebte er oft von Zuwendungen seines gutsituierten Vaters, von Freunden und Frauen, was ebenfalls an Pyrrhon erinnert, der ohne Freunde und Schüler nicht überlebt hätte (was nicht heißt, dass er ihnen – umgekehrt – nicht ebenso viel gab).

Doch so sieht eben die Wahrheit des Wissens im Sinne des Realen aus. Benjamin schrieb so geniale Texte wie z. B. ‚Das Kunstwerk im Zeitalter seiner technischen Reproduzierbarkeit‘, das aktueller nicht sein könnte. Die ältesten Kunstwerke waren religiöse Kultwerke. Durch die massenartige Vervielfältigung wird das Kunstwerk aber aus seinem Zusammenhang gerissen, man will es dann ohnehin nur als Abbild haben, wo die Echtheit, die Aura und die Wahrheit zerstört wird, und so liegt kein γνώριμος, kein Vornehmes mehr vor, das man wie ein Geschenk an einen selbst erfahren kann. Wie ein zu Bewahrendes, Heiliges, Wahres, das im Einklang mit dem Wissen triumphiert. Die technische Reproduzierbarkeit ist heute natürlich durch KI und Deep-Fakes noch weiter ad absurdum geführt.

Freilich kann man heutzutage auch das Vornehme nicht mehr in diesem Sinne verwenden. Im Synonym-Wörterbuch wird unter vornehm ausschließlich nur noch adrett, elegant, schick, apart, mondän, geschmackvoll, fesch, flott, etc., verstanden.[87] Davon gibt es wohl in nächster Zeit kein Zurück mehr. Ähnlich wie Georg Simmel, ein anderer dieser Innehaltens-Philosophen, davon spricht, dass das Geld alle Wertung, Werteinschätzung, Wertigkeit an sich gerissen hat, haben dies bezüglich des Vornehmen die gerade erwähnten Oberflächlichkeiten, Veräußerlichungen, Modenpuppen, Großstadt-Schickeria, Queerness- und Influenzer-Anbetungen, etc., getan. In den freiheitlichen Demokratien ist dies Gott-sei-Dank möglich, aber was ist das Ziel? Pyrrhonismus auf jeden Fall nicht, er ist zu weit weg.

---

[87] Der kleine Duden, Der passende Ausdruck, Synonymwörterbuch, Dudenverlag (1990)

Trotzdem kann ich nochmals sagen, dass man sich Pyrrhon nicht als krass versponnenen Einzelgänger oder
narzisstisch Vereinsamten vorstellen darf, obwohl er
gewiss außergewöhnlich war. Er wurde von der atti-
schen Bevölkerung sehr geschätzt, bekam Preise, wurde
in den Athener Bürgerkreis aufgenommen und für damalige Verhältnisse mit 90 Jahren auch noch uralt. Und
sich bissigen Hunden entgegen zu stellen oder beim
Wandern auf steile Abgründe nicht zu achten spricht
auch nicht gerade für Besonnenheit. Nun kann man die
bedeutenden Leute der Vergangenheit nicht einfach so
eins-zu-eins kopieren. Man muss die innere Zurückhaltung mit der Wissenschaft vereinbaren, und zwar eben
mit der Wissenschaft v o m Subjekt, die ich in einer
praktischen Form mit ganz wenig Theorie im Anhang
schildern will. Und: man muss den *Anderen* lieben, wen
sonst, denn wie erwähnt, gibt es Liebe nur zu einem
Namen, zu **A**.

Anhang zum Verständnis der Praxis

Erste Übung. Das Verfahren *der Analytischen Psychoka-tharsis* ist wie betont von seiner praktischen Seite her sehr einfach. Man sitzt in bequemer Haltung (anfänglich mit geschlossenen Augen) und wiederholt in der ersten Übung rein gedanklich, langsam hintereinander zwei, drei oder bis zu fünf *Formel-Worte*,[88] während man gleichzeitig darauf achtet, ob im Inneren vor einem etwas auftaucht, das den Charakter eines Es *Strahlt* (des Erscheinungs-Wirkenden) hat. Es kann einem wie Licht vorkommen, hat aber mit dem physikalischen Licht nichts zu tun. Es kann sich vielmehr um eine Erhellung, Körperbildwahrnehmung, ein Schimmern, einen ,Licht-Luzidititäts-Punkt' oder irgendetwas handeln, dem eben solch ein Phänomen des Es *Strahlt* zukommt. Lacan spricht diesbezüglich auch von einer ursprünglichsten ,Lumineszenz'.

Dabei bezieht er sich ganz klar auf etwas Gegebenes, etwas, was dem sogenannten Primärprozess des Triebs, der Vorstellungsrepräsentanz, oder der *unverständlichen Vorstellung* zugehörig ist. Ganz klar, dass dies, wie es

---

[88] Weitere *Formel-Worte* sind in anderen Veröffentlichungen oder auch auf der hinten angegebenen Webseite zu finden. Vorerst genügen die vier, hier im Text erwähnten, und am Ende dieses Anhangs augelisteten. Mehr als fünf sollte man nicht verwenden.

schon mehrmals im Haupttext der Fall war, auf ein letztes Hintergründiges verweist, das eben nicht mehr noch weiter und weiter, schon gar nicht durch Mythisches und Mystisches oder sonst irgendetwas belegt und bewiesen werden kann, sondern nur durch das Aufgreifen Einzelner, durch das Erfahren und wissenschaftlichen Erarbeitens eines jeden für sich selbst, erreicht werden kann. Genau da liegt die Kehrtwende, die in den beiden Säulen der *Analytischen Psychokatharsis* ruht.

Manchmal kommt es – auf Grund der erhebenden, befreienden Katharsis – spontan, anfänglich aber oft erst in einer zweiten Übung (siehe später) durch Konzentration auf ein nach innen hören eine Antwort (*Pass-Wort*) auf diese erste Übung zustande. Das Erscheinungs-Wirkende, das Es *Strahlt* ist also nicht etwas, das man selbst imaginieren, erzeugen oder gar erzwingen muss. Es ist in jedem Menschen als Primärform eines im Hintergrund wirkenden Kräftegeschehens vorhanden und muss so nur geweckt oder erwartet werden. Genauso kann aber auch ein ‚Durchrieseln‘ zu spüren sein oder die Empfindung auftauchen, wie das eigene Körperbild sich verschiebt, sich weitet oder es einfach nur als schwarze Farbe, Fleck vor den geschlossenen Augen festzustellen ist. Denn schwarz ist schon eine Wahrnehmung, die sich von der Dunkelheit im Kopf ganz gering abheben kann. Egal was auch immer ‚gesehen‘ oder erfahren wird, es wird den Charakter von einem auch nur ganz geringem Es *Strahlt, Erscheint*, haben, und das genügt.

Die Erfahrung des ‚Durchrieselns' hat etwas mit atavistischen Gefühlsreaktionen zu tun, also z. B. wie etwas, das als ein den Rücken herunterrieselnder Schauer bei einer ergreifenden Musik oder bei tief gehenden Emotionen zu erfahren ist. In der *Analytischen Psychokatharsis* wird diese Erfahrung jedoch als Bestätigung einer Erkenntnis genutzt z. B. bei den *Pass-Worten*. Man muss nicht einen Kurs besuchen, um diese Erfahrung zu haben, die ja authentisch als Aspekt des Wahrnehmungs- oder Schautriebs in jedem Menschen vorhanden ist. Man kann die Übungen rein nach ausreichender Information durch den Text des Buches oder durch die kostenfreien Broschüren aus dem Internet und der hier formulierten Praxisbeschreibung selbst durchführen.[89]

Während also anfänglich durch die Achtung auf das *Strahlt*-Phänomen bereits eine leichte Entspannung eingetreten ist, wird diese durch die gleichzeitig gedanklich wiederholten *Formel-Worte* vertieft. Es ist verständlich, dass durch das monotone rein geistige Wiederholen dieser Formulierungen das *Strahlt*-Phänomen weiter begünstigt wird, was wiederum die Wiederholungsarbeit fördert. Beides, innerliches Wahrnehmen einer Luzidität, eines *Strahlt*-Punktes, und rein mentales Wiederholen der *For-*

---

[89] Texte wie ‚Die körperlich kranke Seele I' und/oder ‚Psychoanalyse / Meditation' können unter >analytic-psychocatharsis.com< kostenfrei heruntergeladen werden. Ein Kontakt zum Autor kann unter g.vonhummel@web.de nachgefragt werden.

mel-Worte schaukeln sich so zur intensiven Katharsis und Befreiung auf.

Mit dem Schwung der Katharsis kommt (wie gesagt manchmal schon spontan) der wichtige Effekt zustande, dass der B(r)uchstabenmix der *Formel-Worte* durch die ‚défilés du signifiant' (die Engführungen des Signifikanten) hindurchgetrieben wird und die *Pass-Worte* erzeugt. Die *Formel-Worte* sind also rein f o r m a l e Ausdrücke, die es in der üblichen Sprache so nicht gibt. So ist auch das hier nebenan abgebildete RA-DIC-IT kein normales Wort aus dem Lateinischen, aber es beinhaltet mehrere sich überschneidende Bedeutungen in einer Formulierung, es ist „linguistisch kristallin" aufgebaut (ein Ausdruck, den Lacan für die Struktur des Unbewussten verwendet).

Außer dem radiat und dicit (*Strahlt* und *Spricht*) ergeben sich im Kreis geschrieben und von verschiedenen Buchstaben aus gelesen mehrere unterschiedliche Bedeutungen. So kann man hier z. B. auch „adi cit r" (geh heran, es bewegt R) „C i tradi" (hundert I übergeben), „citra di" (diesseits die Götter), „dicit ra" (es sagt ra), „r adic it" (füge r hinzu, es geht), „radi cit" (gekratzt werden, es bewegt sich), „trad ici" (erzähle, ich habe getroffen) etc. herauslesen, wobei vieles recht unsinnig klingt. Dies hat jedoch für den formalen Ausdruck keinerlei Bedeutung. Ausschlaggebend

ist hier nur die wissenschaftliche Begründung (mehrere Bedeutungen in einer Formulierung, Verwendung mehrerer Schnittstellen, die genau der Struktur des Unbewussten entsprechen) wichtig. Nur so, durch wissenschaftliche Überzeugung, kann man volles Vertrauen in die Methode haben. Vertrauen in einen Therapeuten allein genügt nicht, es muss durch klares Wissen gestützt sein.

Nochmals also: es ist in bequemer Sitzhaltung und anfänglich bei geschlossenen oder halb geöffneten Augen auf das *Strahlt* (‚Scheint‘, ‚Durchrieselt‘, ‚Luzidität‘) ohne eigene Anstrengungen zu achten, während gleichzeitig langsam, monoton und rein gedanklich ein oder mehrere *Formel-Worte* hintereinander in Abständen und immer wieder neu wiederholt werden. Dies ist die erste Übung, die auf tatsächlichen Vorgaben der Psychoanalyse beruht, weil durch das mentale Reverberieren eine Regression (ein innerlicher Rückzug zu früheren psychischen Strukturen) erzeugt wird, die sich gleichzeitig nur auf einen eingeengten Aspekt des Wahrnehmungs- bzw. Schautriebs konzentriert (das Es *Strahlt*) und durch die *Formel-Worte* stabil gehalten wird.

Die *Formel-Wort*-Wiederholung setzt sich nämlich an die Stelle dessen, was man in der Psychoanalyse den Wiederholungszwang, das unbewusste Wiederholen nennt. Dieses negative, unbewusste Wiederholen wird zumindest solange aufgehoben, wie die Übungen der *Analytischen Psychokatharsis* wirken. Ich habe schon im Haupttext angedeutet, dass dadurch eine wesentliche Hürde der klassischen Psychoanalyse vereinfacht und vermindert wird, da der Wiederholungszwang ein tief verankerter seelischer Abwehrmechanismus ist. Durch den Wiederholungsvorgang beim Üben der *Formel-Worte* wird dieses Geschehen jedoch in einen konstruktiven, progressiven Vorgang umgewandelt. Gefühle eines sich stark weitenden Raumes, das Auftauchen von Erinnerungsbildern führen manchmal zu Ablenkungen, die aber einer weiteren Betrachtung nicht wert sind, sondern von denen nur deren Luzidität, ‚Licht‘, *Strahlt*-Punkt genossen werden kann, die sich vor einem in der Horizontalen ausbreitet.

Der Philosoph P. Sloterdijk sprach hier von ‚Sphären‘, denen er eine ganze Buchreihe widmete und die wieder an Lacans Topologien und ebenso dessen Sphäre erinnern.[90] Doch Sloterdijks Sphären kennen die Senkrechte nicht, die das Nach-Innen-Hören betrifft. Wenn es zu einer Katharsis kommt, zu einer Befreiungserfahrung und stärkeren Loslösung vom Körper, gerät man oft von selbst in die zweite Übung, in der man einen Ton, Klang, eine Silbe oder Kurzsatz der Mitte oder von rechts oben im Kopf und wie von ferne her hörend wahrnimmt, was ich sogleich extra besprechen will. Kommt es nur zu einer simplen Entspannung, muss man – zum Beispiel nach

---

[90] Sloterdijk, P., Sphären I – III, Suhrkamp (1998 bis 2004)

zwanzig Minuten – einfach so in die zweite Übung von sich aus wechseln und sich auf den Ton konzentrieren.

Nach dem R-A-D-I-C-I-T kann nun (weiterhin in der ersten Übung) auch O-R-S-A-C-E-R-A-M hinzugenommen werden, um dem Verfahren für einen ersten Versuch vier *Formel-Worte* zur Verfügung zu haben. In dem obigen *Formel-Wort* stecken folgende Bedeutungen: C eram orsa (hundertfach war ich Beginnen, amo R sacer (ich liebe das heilige R), cera morsa (das zerstückelte Wachs), mors acer  (der Tod ist bitter), amor sacer (die Liebe ist heilig) usw. Wie betont, soll man diese Bedeutungen gleich wieder vergessen. Wichtig ist ja nur zu verstehen, wie die *Formel-Worte* aufgebaut sind, so dass man wissenschaftlich-intellektuell das Verfahren jeder Zeit hinterfragen kann. Kommen irgendwelche Gefühle oder Ideen hoch, die unpassend sind oder Angst machen, kann man nachdenken oder sich weiter über das Verfahren belesen. Blinder Glaube ist nicht gefragt.

Wie im Text erwähnt sollte auf die **zweite Übung** übergegangen werden, wenn die Erfahrung des Es *Strahlt* und der Katharsis genügend ausgeprägt ist, es sei denn es ist schonvon selbst ein Übergang erfolgt. Gerade dieser spontane Übergang zeigt, dass es außer dem grundlegendem Dualismus des Erscheinungs- und Wort-Wirkenden nichts gibt, das Geltung hat, d. h. man kann in den Übungen nicht verloren gehen, da die *Formel-Worte* – solange man ihnen folgt – keinen anderen Ausweg zulassen. Mit dem zündenden kathartischen Es *Strahlt* gelingt im Unbewussten stets konkret der Wechsel (durch die ‚défilés du signifiant' hindurch) von der mehr bildhaften auf die mehr wortbezogene Seite. Dort ist nunmehr auf genau dieses Es *Spricht*, diese Körper-Echos, also auf ein von oben / rechts im Kopf herkommendes Verlauten, auf einen ‚Ton', Sprachklang, aus dem tiefen Inneren zu konzentrieren. Allein schon der ‚Ton' errichtet einen Halt in der Vertikalen. Sloterdijk schrieb nur von der ‚Vertikalspannung', über die er sich fast etwas lustig machte, weil er nichts damit anzufangen wusste, weil sie ihm mythisch vorkam und er nur die Sozialhorizontale kennt.[91]

Doch es gibt diese Vertikale, sie entspricht einer Lotung, Haltung, Festigung, in einer unverrückbaren Zeit. Dagegen steht die Horizontale mehr für die übliche, fortschreitende Zeit, die mal langsamer (in der Langeweile) und mal schneller (in der Kurzweil) verlaufen kann. Auch Lacan beschreibt diese Zeitmetren. Das in der Horizontalen Verlaufende bezieht er auf die Spiegelungserfahrungen, auf das **a** des Blicks, während das Zeitmetrum in der Vertikalen das der Signifikanten, das Es *Spricht* ist, das **a** der Stimme, wie ich es bereits erwähnt habe. Deswegen kommen auch die *Pass-Worte* mehr von oben, während

---

[89] Sloterdijk, P., Du musst dein Leben ändern, Suhrkamp (2009)

die Katharsis, das atavistische Durchrieseln sich mehr im Nacken-Rückenbereich abspielt, was ich seitlich nenne.

Es sind schließlich Buchstaben, die aus diesem ‚typographischen' Raum herausklingen und die das Unbewusste dort gespeichert hält. Und genau in diesen Raum sind die *Formel-Worte* eingedrungen und haben diese Buchstaben geweckt und evoziert. Auch hier wieder gilt das Gleiche: es handelt sich um einen ganz originären Aspekt des Entäußerungs- bzw. Sprechtriebes, der in jedem Menschen als Primärprozess vorhanden ist und im Unbewussten sogar die Form ganz knapper, kompakter „innerer Sätze", „ultrareduzierter Phrasen" annimmt (alles Begriffe Lacans für diese lautliche Erfahrung). Auch hier können anfänglich nur ein feines Rauschen, ein ferner Laut oder Ähnliches wahrgenommen werden, der Übende wird jedoch von Anfang an bemerken, dass es sich hier um eine Konzentration auf ein mehr oben-rechts oder mittig im Kopf befindliches Hör-Sprechsystem handelt, zu dem die ‚Echos des Körpers' Beziehung haben, auf die hier zurückgegriffen wird.[92]

Ich bin im Text vielfach darauf eingegangen, zu welchen mehr analytischen und damit auch weniger kathartischen

---

[92] Auch wenn das eigentliche Hör-Sprechsystem im Kopf linksseitig angelegt ist, ist eben rechtsseitig das mehr rudimentäre, musikalische, das prosodische und der Regression besser zugängliche Hör-Sprechsystem vorhanden, das einen betonteren Zugang zum Unbewussten hat.

Effekten diese zweite Übung führt. Es bleibt nicht beim einfachen Hören und Erfahren von inneren Lautphänomenen, sondern von Buchstabenfolgen bis hin zu kurzen Sätzen. Solche – von Lacan auch als „ultrareduzierte Phrasen" beschriebene Kurssätze nenne ich *Pass-Worte*, Identitätsworte, weil sie direkt aus dem Unbewussten kommend natürlich mit der Identität des Übenden zu tun haben. Identität in dem Sinne, dass nunmehr speziell Verdrängtes, psychisch Abgespaltenes zur Wirkung kommt, so wie es im Freudschen Versprecher auch der Fall ist, wo sich ein verdrängtes Wort vordrängt und in eine bewusst ausgesprochenes Wort hineingezwängt hat, die typische Funktion des in der Psychoanalyse im Zentrum stehenden Begehrens.

Während man aber beim Versprecher und auch beim Traum versuchen muss, das verdrängte Wort durch Deutung herauszufinden, ist es im *Pass-Wort* mit enthalten. Eine gewisse deutende Einordnung ins bewusste psychische Leben ist oft trotzdem nötig. Beispiele von *Pass-Worten* habe ich im Text geschildert. Jeder muss hier selber ausprobieren, was er als *Pass-Wort* anerkennen kann. Manchmal ist es nämlich so, dass man erst fast im Nachhinein, in der Endphase der *Pass-Wort*-Erfahrung, des Phrase-Hörens, den Kurzsatz wahrnimmt. Manchmal scheint es ein sehr, sehr leiser Gedanke zu sein, der aber dennoch klar oder ziemlich klar ist. Ich muss mich hier so diffus ausdrücken, trotzdem besteht an dem Phänomen kein Zweifel und zwar sowohl von der psychoanalytischen Theorie her wie auch von den zahlreichen Erfahrungen, die ich bisher sammeln konnte.

Gleichzeitig betone ich erneut, dass beim Deuten der *Pass-Worte* – falls diese nicht von vornherein eindeutig sind – in beiden Richtungen geprüft werden sollte: hat es etwas mit dem Kausalen eines verdrängten Begehrens zu tun oder mit dem Finalen von etwas Kreativem. Oft gilt beides gleichermaßen, wie ich an den Beispielen im Text gezeigt habe. Ganz *unverständliche Pass-Worte* sollte man jedoch verwerfen. Stets kann man bei jemanden, der Erfahrung mit der Methode hat, bei mir (g.vonhummel@web.de) oder einem entsprechenden Therapeuten nachfragen oder nachlesen, wie man mit den *Pass-Worten* am besten umgeht.

Nochmals also: Nach der ersten Übung, dem gedanklichen Wiederholen mehrerer *Formel-Worte* bei gleichzeitigem darauf achten, ob man ein *Strahlt*, eine Luzidität, ein ‚Durchrieseln‘, eine befreiende, kathartische Erfahrung, wahrnimmt, geht man – falls nicht schon geschehen oder evtl. nach zwanzig Minuten – zur zweiten Übung über. Hierbei konzentriert man sich auf den Laut, den Ton, das *Spricht* von oben oder rechts oben-innen her. Bemerkt man, dass der *Strahlt*-Anteil beim Üben zu stark ausfällt, wechselt man zur *Spricht*-Übung und umgekehrt. Beide Übungen sind beliebig lange durchzuführen, wie gesagt genügen meist zwei mal zwanzig Minuten. Der Wechsel von praktischer Erfahrung und theoretischem

Denken ist wichtig, weil am Ende etwas Gemeinsames herauskommen wird: eine gedankliche Selbsterfahrung, eine praktische Logik, eine kathartische Analyse. Letztendlich finden beide Übungen zu einem inneren ‚Auftrag‘, einer Gewissheit, evtl. auch am Verfahren selbst weiter mitwirken zu können.

Denn es geht um eine Wissenschaft v o m Subjekt, an der jeder teilnehmen kann. Schon Freud hatte sich dafür ausgesprochen, dass die Psychoanalyse auch von Laien erlernt und ausgeübt werden kann. Das Übergewicht von Akademikern, insbesondere von Ärzten hat diese Anregungen des eigenen Gründervaters Freud nicht ernst genommen. Universitäre, scholastische Strebungen beherrschen daher von Anfang an die Psychoanalyse, die ja auch für die *Analytische Psychokatharsis* wichtig ist. Aber hier behindert nicht ein System von Klüngel Vereinen und hierarchisch gestaffelten Organisation den persönlichen Fortschritt. Wie Lacan, der seine eigene Organisation am Ende seines Lebens aufgelöst hat, damit nichts zu stark Institutionelles Vorrang vor freier Mitarbeit gewinnt, habe ich bisher hinsichtlich der *Analytischen Psychokatharsis* keine Organisation und keinen Verein gegründet.

Ich hoffe, dass dies auch nicht nötig ist. Wer die *Analytische Psychokatharsis* ausgeübt und ihre Wirkung erfahren hat, weiß, mit was er es zu tun hat und wie er es notfalls auch anderen vermitteln kann. Die Grundlagen sind in zahlreichen Büchern von mir, in psychoanalytischer Literatur und auch in soliden, wenn auch nicht wissenschaftlich korrekten, so doch seriösen Texten über die Anwendung von meditativen Verfahren beschrieben. Davon unbeachtet bleibt natürlich der Kern der *Analytischen Psychokatharsis* als wissenschaftlich weisungsbestimmend.

Dieser Kern besteht vor allem – wie im Haupttext mehrmals betont – in der Verbindung des Erscheinungs- und Wort-Wirkenden in den zwei grundlegenden Übungen, wobei diese Verbindung nur gelingt, wenn man verstanden und erfahren hat, dass durch die Katharsis der ersten Übung die Kraft, die Höhe, die Intensität geschaffen wird, die in der zweiten Übung dazu führt, dass das Unbewusste die entsprechenden *Pass-Worte* frei gibt. Etwas Derartiges existiert in der herkömmlichen Psychoanalyse und in allen Meditationsverfahren nicht. In der Psychoanalyse gelingt es deswegen nicht, weil die Psychoanalytiker eine Masse an gleichwertigen Ichidealen bilden, die die Patienten auch als ihr Ich-Ideal übernehmen, so dass man sich in gegenseitigen Übertragungen festsetzt, die ja eigentlich aufgelöst werden müssten.[93]

---

[93] Lacan, J., Seminar VIII, Passagen Verlag (2008) S. 407

Literaturverzeichnis

Appleton, T., Warum verschwanden die Neandertaler, Heyne (1999)

Baggini, J., Ich denke, also will ich, dtv (2016)

Barkhaus, A., Mayer, M., Identität, Leiblichkeit, Normativität, Suhrkamp (1996)

Bauriedl, T., Beziehungsanalyse, Suhrkamp (1993)

Benthien, C., Wulf, Ch., Körperteile, Rowohlt (2001)

Bezzel, C., Wittgenstein, Junius (1996)

Brenman, E., Vom Wiederfinden des guten Objekts, frommann-holzboog (2014)

Breuer, R., Immer Ärger mit dem Urknall, Rowohlt (1993)

Bischof, M., Biophotonen, Zweitausendeins (1995)

Brockman, J., Vogel, S., Wie funktioniert die Welt?, Fischer Taschenbuch (2013)

Byung-Chul Han, Die Austreibung des Anderen, Fischer Wissenschaft (201)

Byung-Chul Han, Die Errettung des Schönen, Fischer Wissenschaft (201)

Camus, A., Der Mensch in der Revolte, Rowohlt (1997)

Camus, A., Der Mythos des Sisyphos, Rowohlt (2000)

Carnap, R., Einführung in die Philosophie der Naturwissenschaft (1969)

Damasio, A. R., Descartes` Irrtum, dtv (1997)

Davies, P., Gott und die moderne Physik, Bert. M. (1986)

Eccles, J. C., Gehirn und Seele, Piper (1987)

Eichmeier, J., Höfer, O., Endogene Bildmuster, U&S – Verlag (1974)

Eribon, D., Rückkehr nach Reims, ed suhrkamp (2016)

Fischer-Lichte, E., Performativität: Eine Einführung, transcript (2012)

Fölsing, A., Albert Einstein, Suhrkamp (1995)

Freud, S., Studienausgabe, Fischer (1989)

Goel, B. S. Meditation und Psychoanalyse, Ariston (1989)

Görz, G., Einführung in die künstliche Intelligenz, Addison-Wesley (1996)

Goldman, L. R., The Anthropology of Cannibalism, B&G (1999)

Heidegger, M., Unterwegs zur Sprache, G. Neske (1959)

Hilbrecht, H., Meditation und Gehirn, Schattauer (2010)

Hofstadter, D., Die Fargonauten, Klett-Cotta (1996)

Hofstadter, D., Die Analogie, Klett-Cotta (2014)

Horgan, J., An den Grenzen des Wissens, Luchterhand (1997)

Jacobs, A., Schrott, R., Gehirn und Gedicht, Hanser (2011

Jakobson, R., Semiotik, Suhrkamp (1988)

Jakobson, R., On Language, Harvard University Press (1995)

Jung. C. G., Gesammelte Werke, Walter (1983)

Kant, I., Kritik der reinen Vernunft, Reclam (1966)

Kant, I., Kritik der praktischen Vernunft, Suhrkamp (1974)

Kluge, F., Etymologisches Wörterbuch, W. de Gruyter (1989)

Köhler-Weisker, A., Gespräche unter dem Mopanebaum, Psychosozial-Verlag (2015)

Lacan, J., Schriften I - III, Walter, (1975)

Lacan, J., Seminare I,I, VII, XI, XX, Quadriga (1980-1995)

Lacan, J., Seminaire Nr. III, Iv, VIII, XVII, Edition Seuil (1981-1994)

Lacan, J., Die Bildungen des Unbewussten, Turia & Kant (2006)

Lacan, J., Mitschriften der Seminare VI,IX,X,XII,XV, B.R.L.F., Strasbourg

Laplanche, J., Pontalis, J. B., Das Vokabular Der Psychoanalyse, Suhrkamp (1989)

Leakey, R., Die ersten Spuren, Goldmann (1999)

Linke, D., Kunst und Gehirn, Rowohlt (2001)

Maar, C., Pöppel, E., Christaller, T., Die Technik auf dem Weg zur Seele, Rowohlt (1996)

Merleau-Ponty, M., Das Sichtbare und das Unsichtbare, Fink Verlag (1994)

Morgenthaler, F., Gespräche am sterbenden Fluß, Fischer (1986)

Pinker, S., Der Sprachinstinkt, Kindler (1996)

Plato, Sämtliche Werke, Insel Verlag (1991)

Popper, K. R., Eccles, J. C., Das Ich und sein Gehirn, Piper (1989)

Potthoff, P., Die Begegnung der Subjekte, Psychosozial-Verlag (2014)

Radisch, I, Camus, Rowohlt (2013)

Roazen, D., Der innere Sinn, Archäologie eines Gefühls, Fischer (2012)

Roheim, G., Die Panik der Götter, Kindler (1975)

Rosset, C., Das Reale in seiner Einzigartigkeit, Merve (2000)

Rüdinger, D., Perrez, M., Anthropologische Aspekte der Psychologie, O. Müller (1979)

Rudgley, R., Abenteuer Steinzeit, Kremaye & Scheriau (2001)

Schmidt-Hellerau, C., Lebenstrieb & Todestrieb, Libido & Lethe, Verlag Intern. Psychoanalyse (1995)

Schmitz, R. W., Thissen, J., Neandertal, Spectrum (2000)

Searle, J. R., Geist, Hirn und Wissenschaft, Suhrkamp (1992)

Seidler, G. H., Der Blick des Anderen, Verlag Intern, Psychoanalyse (1995)

Sinz, R., Gehirn und Gedächtnis, Fischer Utb (1981)

Sloterdijk, P., Du musst dein Leben ändern, Suhrkamp (2009)

Spielrein, S., Sämtliche Schriften, Kore (1987)

Strowik, E., Sprechende Körper, Fink-Verlag (2009)

Sunday, P. R., Divine Hunger, Cambr. Univ. Press (1986) Thompson, R. F., Das Gehirn, Spectrum (1994)

Thorne, K. S., Gekrümmter Raum und Verbogene Zeit, Knaur (1996)

Tipler, F. J., Über die Omegapunkttheorie, Piper (1994)

Uexküll, Th., Fuchs, M., Subjektive Anatomie, Schattauer (1994)

Weiss, Der Andere in der Übertragung, Frommann-Holzboog (1988)

Weizsäcker, C. F. von, Die Einheit der Natur, dtv (1995)

Weinberg, S., Der Traum von der Einheit des Universums, Bertelsmann (1993)

Weizenbaum, J., Die Macht der Computer, Stw (1977)

Wiener, O., Probleme der Künstlichen Intelligenz, Merve (1990)

Wilhelm, R., Informatik, C.H.Beck (1996)

Wilson, E. O., Der Wert der Vielfalt, Piper (1999)

Wolf, F. A., Die Physik der Träume, Byblos (1996)

Wygotski, L. S., Denken und 'Sprechen', Fischer (1981)

Literaturempfehlungen

Freud, S., Abriss der Psychoanalyse, Fischer Tb, 1996

Pagel, G., Jacques Lacan zur Einführung, Junius Verlag (2019)

Lacan, J., Die vier Grundbegriffe der Psychoanalyse, Walter (1980) S. 26

Hummel, v. G., Psychoanalyse / Meditation, BoD (2020)

Nemitz, R., lacan-entziffern.de. Stichworte über die Psychoanalyse zum Nachlesen

Weitere Bücher des Autors im MSC-Verlag

Analytische Psychokatharsis
Psychoanalytische Theorie und kathartische Meditation können nicht einfach ineinander überführt werden. Setzt man beide Verfahren aber durch ein entscheidendes Element (einen „linguistischen Kristall") in Beziehung, lässt sich ein eigenes neues Verfahren begründen. Die Psychoanalyse und die meditativen Methoden werden diskutiert, und die Praxis des eigenen Verfahrens wird ausführlich beschrieben.

SIGNIFIKANT Gott?

Schon die unterschiedliche Groß- Kleinschreibung provoziert, dass der SIGNIFIKANT (Bezeichner, Bedeutender), ein Begriff aus der Linguistik, wichtiger sein könnte, als die altehrwürdige Vokabel Gott. Der Autor zeigt, dass Jesus ein Vorläufer der modernen Psychotherapie war und somit sein Vorgehen auch für die heutige Psychoanalyse genutzt werden kann.

Der Andere des Wortes und das Andere der Sterne verweist auf die Doppelstruktur des Unbewussten. Doch wie bringt man diese beiden in eine geeignete Kombination, so dass sie sich für ein psychoanalytisch - meditatives Verfahren eignen, das jeder Einzelne für sich selbst erlernen kann. Über Physik, Theologie, Kognition und andere Wissenschaften liefert das Buch eine Anleitung

Yoga und Psychoanalyse

An Hand einer wissenschaftlichen Biographie des Religionswissenschaftlers und Yogalehrers Kirpal Singh (Surat Shabd Yoga) werden alle Yogaformen von der Seite der Psychoanalyse her betrachtet. Es ergibt sich die Notwendigkeit ein eigenes Verfahren zu begründen, das der Autor auch *Analytische Psychokatharsis* nennt. Zahlreiche Bilder und Schemata machen das Buch anschaulich.

Verinnerlicht Euch ! Die klassische Methode der Analyse des Unbewussten stellt eine zu theoretische Revolte des Selbst dar. Um in der Praxis Erfolg zu haben bedarf es eines direkteren selbstanalytischen Verfahrens, das jeder aus sich selbst heraus entwickeln kann. Formulierungen, die in einem einzigen Schriftzug mehrere Bedeutungen enthalten, können das Unbewusste jedes Einzelnen durch mentales Üben aufbrechen und zu sich selbst befreien.

‚teetrunken' Ausgangspunkt des Buches stellt die Lehre des Psychoanalytikers O. Graf Wittgenstein dar, der davon ausging, dass der Mensch in sich drei Teile birgt, die er nur verschiedentlich zu einer Einheit bzw. einheitlichen Persönlichkeit verbinden kann. Die letztliche und ideale Einheit nennt er den 'Trialog'. Anhand der Schilderung mehrerer Bergbesteigungen durchstreift der Autor alle möglichen kulturellen und psychologischen Fragestellungen, um im Endeffekt den 'Trialog' durch das Wandern, Meditieren und intellektuelle Verarbeiten zu erreichen.

Liste anderer Werke des Autors im MCS-Verlag

Herz-Sprache, Eine Psychoanalyse des Herzens

Politik / Therapie, Begreifen, was man schon weiß - wie Politik therapeutisch zu denken wäre

Das autochthone Genießen, Essays zu einem neuen selbstanalytischen Verfahren

Zweimal den Tod überlisten, Ein Traktat zu Sisyphos, und wie man das Sterben heute meistert

Siddharthas Wiederkehr, Ein wissenschaftlicher Roman – eine Anregung zur Selbsttherapie

Nach Lacan, Über Physik, Psychoanalyse und die Metapher des Genießens – eine Selbstpraxis

interhot, Gespräche mit dem Unbewussten

Das Gerade und das Gekrümmte, Die Behandlung einer Psychose

Die Mathematik des Eros, Die ‚perfektoiden Räume' des Unbewussten – eine Selbstpraxis

Die körperlich kranke Seele, Eine Broschüre zu Theorie und Praxis der *Analytischen Psychokatharsis*

Psychoanalyse / Meditation, Vergleich und Anleitung

Jesus und die Frauen, Wege von damals und heute zur selbstanalytischen Praxis

Nachts im Notdienst fahren, ärztliche und psychologische Reflexionen